【盛世风华系列】

德泽天下
说说文景之治那些事儿

姜正成◎主编

中国财富出版社

图书在版编目（CIP）数据

德泽天下：说说文景之治那些事儿 / 姜正成主编. —北京：中国财富出版社，2014.6

（盛世风华系列）

ISBN 978-7-5047-5009-9

Ⅰ. ①德… Ⅱ. ①姜… Ⅲ. ①文景之治-通俗读物 Ⅳ. ①K234.109

中国版本图书馆 CIP 数据核字（2013）第284037号

策划编辑 王秋萍 **责任印制** 方朋远

责任编辑 康书民 宋 宇 **责任校对** 饶莉莉

出版发行 中国财富出版社

社 址 北京市丰台区南四环西路188号5区20楼 **邮政编码** 100070

电 话 010-52227568（发行部） 010-52227588转307（总编室）

010-68589540（读者服务部） 010-52227588转305（质检部）

网 址 http：// www. cfpress. com . cn

经 销 新华书店

印 刷 北京柯蓝博泰印务有限公司

书 号 ISBN 978-7-5047-5009-9 / K · 0134

开 本 710mm × 1000mm 1/16 **版 次** 2014 年 6 月第 1 版

印 张 16 **印 次** 2014 年 6 月第 1 次印刷

字 数 213千字 **定 价** 33.00元

前言

有位西方历史学家说过："所有的历史都是思想史。"只有穿过历史事件，进入事件背后所隐含的思想，才能了解历史。汉朝是中国历史上最辉煌的朝代之一。公元前206年，刘邦建立汉朝。汉朝自建立之初，就被刘邦的一曲《大风歌》唱出了它狂狷的气质。

中国西汉时期，在文帝、景帝统治下出现了社会安定、百姓富裕的"盛世"局面，史称"文景之治"。这一时期是汉朝由弱变强的转折期，在中国历史上具有特殊的历史地位。它为汉武帝征伐匈奴奠定了坚实的物质基础，对以后的贞观之治、康乾盛世等起到重要的借鉴作用。

吕后驾崩，刘氏联合反吕，功臣集团愤怒爆发，无能的吕氏不堪一击，瞬间崩塌。代王刘恒被迎入长安为帝，是为文帝。刘恒内受强臣环视，外迫诸侯王压力，他用极高明的政治手腕巩固了自己的统治，强化了皇权。另外，汉文帝刘恒是汉初一位颇有政治才能和治国方略的皇帝，他在位23年间，推行休养生息政策，其主要措施有：一是进一步减轻赋税和徭役，曾连续12年全免田租，又把每年服徭役改为三年一次。二是减轻刑罚，废除肉刑。三是提倡节俭，他在位期间宫室、苑囿、车骑、服御无所增益，还因惜"百金，中人十家之产"而罢露台之作，还令后宫衣不得曳地，帷帐不得文绣。汉文帝终生谨慎从政，为历代学者称赞。景帝刘启即位，政策上继续推行与民休养生息的轻徭薄赋，减轻人民负担，而且抑制豪强，内诛权臣，平定七国之乱。文景两朝，成为中国历史上第一个有确切文献记载的盛世。

历史是有规律的，它不以人们的意志为转移，而是按照自身规律摧枯拉朽，勇往直前；历史是连续的，它的全部轨迹都丝丝入扣，一脉相承；历史是全息的，事事相通，因果相连，它既可以古鉴今，也可以今知古。一句话，历史并不是过去的风景、斑驳的履痕和发黄的陈迹，而是今人永远也学不完、读不尽的教科书。

文景之治讲的是西汉文、景两朝的历史，内容严谨，风格活泼，语言轻松，有很强的可读性，希望能让读者在轻松读史的过程中学到更多东西。

编　者

2014年1月

目录

第一章　联合反吕

刘邦逝世后，太子刘盈继位，是为汉惠帝。汉惠帝生性懦弱，大权实际上掌握在了其母吕后的手中。为加强自己的统治，吕后分封诸吕为诸侯王。公元前180年吕后病逝，意味着吕氏家族的顶梁柱倒了。刘氏子弟以及朝中大臣对吕氏的统治早已不满，于是一场血腥的宫廷战争上演了。

大权旁落于吕氏 …………………………………………… 002

冒顿千里求吕雉 …………………………………………… 006

政治之下的悲哀 …………………………………………… 010

吕后称制报恩仇 …………………………………………… 014

大封朝臣杀皇子 …………………………………………… 017

拒封王逃过一劫 …………………………………………… 021

诸刘联合反吕氏 …………………………………………… 024

齐王刘襄智用兵 …………………………………………… 026

太尉周勃安天下 …………………………………………… 028

第二章　文帝登基

大凡有野心的人都很勇猛，勇猛的人却未必有野心。刘章是前者的代表，韩信是后者的代表。但有一句话说得好，谋事在人，成事在天。与世无争的刘恒在大家争得死去活来的时候捡了一个大便宜，继承了皇位，成了最大的受益者。

旦夕祸福由天定 …… 032
顺天意刘恒称帝 …… 035
汉文帝封臣立嗣 …… 038
汉文帝习明政事 …… 041
汉文帝刘恒纳谏 …… 043

第三章　百废待兴

帝王的决策影响的不仅仅是自己的权势和地位，还能给整个国家带来巨大的变化。随着局势的变化，国策也应当进行适当的调整，拘泥不变，必然会造成被动的局面。汉文帝即位后，面对强臣环视，诸侯王压力，汉文帝用极高明的政治手腕巩固了自己的统治，强化了皇权，稳定了皇位。

刘恒立窦姬为后 …… 048
当丞相也有忧虑 …… 050
朱建报恩审食其 …… 053
刘长愤杀审食其 …… 056
罪未罪兮误终身 …… 060

第四章 重用人才

权力是一个很奇妙的东西，既不能随便授权，也不能不分权。权力没有一个具体的量，并不是你拥有了，别人就一定会少。只要会驾驭权力，分封得当，那么权力就会为己所用。作为皇帝，不能自己独揽大权，事必躬亲，那样会累死自己。要学会放权，重用那些有能力的人，使他们为己所用。

十年仕途一朝升 …… 064
敢言敢谏真君子 …… 069
周亚夫军纪严明 …… 072

第五章 抵御匈奴

如果没有智慧的作用，一分力量只有一分的效果；如果加上智慧的力量，那么收获的就会更多了。只有智勇合一，有胆有识，才能笑傲群雄。在对待匈奴的问题上，汉文帝没有选择强攻，而是听取忠臣的意见，以智取胜。

陆贾劝南越称臣 …… 078
冯唐谏用将之道 …… 084
文帝刘恒御匈奴 …… 087
晁错的救国之道 …… 090
刘兴居兵败自杀 …… 097

第六章 无为而治

老话说得好，马上可以打天下，马上不一定能治天下。高祖刘邦消灭强秦，成了楚汉之争的最后胜利者。作为高祖的继承人汉文帝刘恒该如何使国家达到长治久安是他日思夜想的问题。夫唯不争，故天下莫能与之争，刘恒深谙其道，力推无为而治，使汉朝出现了一派繁荣景象。

贾谊上《治安策》 …… 104
贾谊不得志而死 …… 108
晁错上疏论农耕 …… 112
力推行黄老政策 …… 116
儒生开始参政事 …… 123
实施轻徭薄赋策 …… 133
废除苛刻的刑法 …… 140
取消关传设关卡 …… 149
崇节俭思安百姓 …… 154

第七章 景帝登基

“天地不仁，以万物为刍狗；圣人不仁，以百姓为刍狗。天地之间，其犹橐龠乎？虚而不屈，动而愈出。多言数穷，不如守中。”汉景帝刘启受其父的熏陶，也力推无为而治，与其父一起成就了文景之治，使国家达到了空前的繁荣。

文帝的晚年生活 …… 160
无才无德被重用 …… 164
汉文帝刘恒驾崩 …… 169
汉景帝刘启登基 …… 172

神猪刘彘的诞生 …… 174

第八章 削藩政策

证服敌人不是只有一种方法，弱者之所以能够战胜强者，就是能够示弱，给自己留下尽量大的回旋余地，在不利于自己的情况下，能采取灵活应变的方法，而不是强出头。晁错的《削藩策》虽是本着为大汉江山社稷考虑的，但时机不成熟，最终导致自己付出了惨痛的代价。

吴王刘濞欲叛变 …… 182
晁错上《削藩策》 …… 184
晁错蒙冤而死 …… 187

第九章 七国之乱

权力是一把双刃剑，用得好，可以带来巨大的利益，用得不好，就会给自己带来很大的危害。只有能收回的权力才是可靠的，争天下的时候需要放权，重用人才；治天下则需要收权，使自己处在有利地位。

吴王带头来造反 …… 194
七国联合来反叛 …… 197
七国之乱被平定 …… 207
汉景帝加强皇权 …… 211
忠臣含冤九泉下 …… 219

第十章　无为胜有为

汉景帝刘启与父亲一起开创了“文景之治”。他是残暴还是软弱？他是有为还是无为？他如何对待匈奴、诸王？他用什么方式稳固皇权？

梁王刘武最得宠 …………………………………… 228
抑郁而死的梁王 …………………………………… 230
是无为还是有为 …………………………………… 232
景帝的双重人格 …………………………………… 237
是残忍还是软弱 …………………………………… 240

后　记 …………………………………………………… 242

第一章 联合反吕

刘邦逝世后，太子刘盈继位，是为汉惠帝。汉惠帝生性懦弱，大权实际上掌握在了其母吕后的手中。为加强自己的统治，吕后分封诸吕为诸侯王。公元前180年吕后病逝，意味着吕氏家族的顶梁柱倒了。刘氏子弟以及朝中大臣对吕氏的统治早已不满，于是一场血腥的宫廷战争上演了。

大权旁落于吕氏

惠帝元年（公元前194年），汉高祖刘邦驾崩，太子刘盈为帝，实权掌握在吕后手里。吕后名雉，字娥姁，砀郡单父（今山东单县）人，是刘邦的结发妻，惠帝刘盈的生母。刘邦即帝位后，她被立为皇后。刘盈即帝位后，她被尊为皇太后。

争立太子

刘邦定天下后，吕后为巩固刘氏政权、清除异姓王立下很大功劳，诛杀韩信、彭越等诸侯，她都是主谋。刘邦在发迹过程中及做皇帝后收立不少姬妾、嫔妃，吕后对此十分嫉妒。刘邦死后，她就将刘邦宠爱的许多嫔妃囚禁起来，不许出宫，并对她们进行惩罚，只有侍宿极少的薄姬得以出宫，跟着儿子刘恒去了代国。

吕后对戚夫人最为怨恨。戚夫人是刘邦率部攻下定陶时所得，有沉鱼落雁之貌，刘邦对她非常宠爱。刘邦从征战各地到初入关中，再入蜀汉，然后定三秦，最后江东灭项羽，一直都是戚夫人陪在身边。甚至在吕后立为皇后以后，戚夫人伴宿刘邦的次数也最多，因此，吕后非常嫉恨她。

与戚夫人相比，吕后得到刘邦的宠爱却极少。刘邦还是一介平民时，其行为常被人看不起，吕后父吕公看中了他，将女儿许配给他。成家后，刘邦很少回家，更不事耕种劳作；而吕后既要操持家务，又得领着儿女下地干活。刘邦在沛县起兵后，托付审食其、刘仲照料刘父、吕后，自己就一心去打天下了。高祖二年（公元前205年），在灵璧睢水之上（今安徽境内），刘邦的五十六万大军反而被项羽三万精兵所败，最后仅以十余骑逃命。途经沛县，刘邦派人去接家室，而家人已经在战乱中逃亡，不知下落。后来在途中遇到他的一双儿女，但刘邦为摆脱追兵，几次将他们推下车去，幸亏被夏侯婴救起，才免于一死。吕后、刘父及其家人由审食其等人护送，抄小路逃命，却又与楚军相遇。从此，吕后等人就被项羽当作人质扣押在营中，直到高祖四年（公元前203年）九月项羽向刘邦求和，她才回到刘邦身边。刘邦行军作战时，吕后常常留守后方，见到刘邦的机会很少，因此关系更加疏远。吕后被立为皇后以后，刘邦对她依然是尊而不亲。

吕后怨恨戚夫人，主要因为立太子的问题，她们二人都想争立自己的儿子为太子。

戚夫人的儿子如意在汉高祖九年（公元前198年）被封为赵王；吕后生的儿子刘盈早在汉高祖二年（公元前205年）就立为太子，他是皇后所生，按理不存在废立问题。但是，刘邦却比较喜欢如意，认为他在性格、气质和相貌上更像自己；而刘盈生性仁慈、软弱，刘邦认为他没有能力做皇帝。加上戚夫人经常在他面前苦苦相求，于是，刘邦常常生出重立太子的念头来，好几次都差点实现这一想法。

早在如意被封为赵王时，刘邦就想立他为太子，一次朝廷议事，多数大臣都不同意重立太子。御史大夫周昌反应最为强烈，重立太子之事就被暂时搁置了。

当时赵王如意年仅十岁，刘邦担心他在自己驾崩之后小命难以保全，眼下找个可靠的人保护他才是最主要的。一天，刘邦郁郁寡欢，群臣不知

吕雉画像

皇上为何如此。符玺御史赵尧走上前，轻轻地问："陛下一直闷闷不乐，是不是考虑赵王年少，而戚夫人与吕后又有隔阂，担心陛下百年之后赵王不能保全自己呢？"刘邦说："正是。我私下担忧，不知用什么方法能解除我的忧虑？"赵尧说："陛下，唯一的办法就是给赵王找一个德高望重的相国，这个人必须是吕后、太子、群臣平时所敬畏的人。"刘邦问："谁合适呢？"赵尧说："御史大夫周昌。"于是，周昌立即被召来觐见，刘邦对他说："我想麻烦周公做赵王的相国。"周昌哭泣说："臣最初就跟随陛下，陛下为何要将老臣中途抛弃呢？"刘邦说："辅佐赵王，非公莫属。我心念赵王，就只有委屈你了。"

没过多久，刘邦还是对赵王放心不下，仍想立其为太子。吕后闻知，心里非常着急。有人对吕后说："留侯善于筹谋，何不向他求得一策？"吕后就让建成侯吕泽去跟张良说这事。吕泽对张良说："您是皇上最为信赖的谋臣，如今皇上想更换太子，您怎么能置若罔闻呢？"经过深思熟虑之后，张良想出一条妙计："有四人皇上不能相招，这四人年纪大了，他们对皇上的傲慢轻侮深感不满，所以逃到深山隐居起来。假如以太子名义修一言辞谦逊之书，配以座车，由说客相请，他们肯定出山。然后以贵宾相待，让他们时刻伴随太子，这样对太子最有帮助。"吕泽便按计从事。

汉高祖十一年（公元前196年），黥布造反。高祖刘邦正生病，想把征讨的任务交给刘盈。四老相互商量之后，认为太子领兵平叛很不利，就让建成侯吕泽去找吕后，吕后按四老之意哭诉一番，终于使刘邦决定带病亲自出征。

汉高祖十二年（公元前195年），刘邦从前线平叛归来以后，身体每况愈下，更换太子的想法更加强烈。太子太傅叔孙通以死相谏："从前晋献公因骊姬之故，想废太子，结果致使晋国数十年大乱，为天下人耻笑。秦朝就因为不早定扶苏，使赵高得以诈立胡亥，导致国亡，陛下已经亲眼所见了。当今太子仁义礼孝，人所共知。陛下与皇后同甘共苦几十年，怎么可以背弃！陛下一定要废太子，立赵王，臣定先死。"其他大臣也纷纷劝谏，刘邦口头上只好答应不再更换太子，但内心还想更换。

一次，刘邦大宴群臣，四老站在侍立刘邦身边的太子身后。四老都已是耄耋之年，银须白发，衣着也与常人不同。刘邦从未见过这四人，感到奇怪，就问他们是什么人，四老一一向刘邦作自我介绍。他们正是刘邦寻找多年的高人。刘邦问他们为何要跟随太子，四老解释道："陛下轻视读书人，我等讲求骨气，不愿受侮，所以躲进深山。太子对读书人恭敬有礼，为人仁义孝明，我等当然跟随太子，侍奉左右。"刘邦这才知道太子早已羽翼丰满，无法再更换了。

看着飘然而去的四老，刘邦对坐在身旁的戚姬说："我想更换太子；现在已太晚了。太子在他们四人辅佐之下羽翼已丰，难以动摇了。"

冒顿千里求吕雉

刘邦死了，朝中能征善战的大将也死了不少，大汉只剩一位女人辅助一位懦弱的皇帝，显得有点疲惫。然而，匈奴在冒顿的铁骑驰骋和强弓硬弩之下，却一日比一日强盛。大汉衰弱，匈奴强盛，这一弱一强的对比增加了匈奴的骄傲蛮横。

惠帝二年（公元前193年），汉朝又送了一位女子前往匈奴和亲。娄敬的和亲计划很好，然而，计划是死的，人却是活的。汉朝遣了那么多位和亲美人，匈奴还是照样专横，行事毫无规律可言。匈奴高兴就接受和亲，不高兴就不接受，他们率性而为，视盟约如废纸。

这一次，冒顿不接受和亲，反而送来一封信，信是给吕雉的：

我虽是一方霸主，但孤独无依，整日寂寞难耐。我生在沼泽中，活在茫茫草原，之所以几次侵犯你的边境，目的就是想到中原游游，遣寂寞，寻欢心。你是大汉的主人，尊贵无比；我是匈奴的主人，位高无伦；高处不胜寒，我们都没有伴侣，都寂寞得很。既然我们两个都那么寂寞，没有什么可以消遣的，我想用我所拥有的，换取我所没有的。

明眼人一看就知道这是封情书，写给吕雉的情书。由此看来，冒顿不是不接受和亲，而是想娶吕雉。

父亲死后，儿子可以娶父亲的姬妾；哥哥死后，弟弟可以娶嫂嫂，这是匈奴习俗，他们不觉得这违背情理。冒顿杀了他父亲后，就娶了他的后妈们。冒顿见刘邦死了，就想娶吕雉，他完全按匈奴人的思维逻辑行事。然而，中原经过历朝历代的发展，已经形成一套以人伦为核心的礼仪制度，皇族乱伦是大忌，谁都不敢触犯。

吕雉本就心狠手辣，见了这样的书信，心中早打定主意：先斩使者，再派军剿杀匈奴。因此立刻召集丞相陈平、将军樊哙和季布等商议发兵之事。樊哙有勇无谋，见蛮夷之人如此侮辱姐姐，大声说："请给我十万精兵，我必踏平匈奴而返。"朝臣们无不附和樊哙。

汉朝与匈奴和亲，朝臣们心里很不愿意，都想尽快结束这屈辱。匈奴侮辱皇太后，正是发兵一举踏平匈奴的大好时机。诛灭匈奴，安定边疆，汉朝威严方能展现，大汉百姓才能堂堂正正地做人。如果不灭匈奴，边疆没一日安宁，百姓遭戮，朝廷受辱，委实令人伤怀。朝臣议论纷纷，都站到樊哙身边，讨论如何诛灭匈奴。吕雉见群臣支持发兵，心里很满意，正在这时，朝堂下有人大叫一声："樊哙当斩！"

说这话之人，正是中郎将季布。季布话刚出口，朝中当即寂静无声，几十双眼睛一齐射向他。区区中郎将，竟敢大声喧哗，当着吕雉的面，欲斩樊哙。陈平劳苦功高，奉了刘邦的命，都不敢动樊哙一根毫发。这中郎将未免过于大胆！

季布曾是项羽的部将，勇猛无敌，屡次兵困刘邦。刘邦灭项羽后，季布担心被诛，藏身朱家为奴，后经举荐，入朝为官。曾经叱咤风云的大将，能够寄身大户，甘愿为奴，自然很是能忍。

此时，朝中全是被侮辱冲昏了头脑的人，恨不能即刻灭了匈奴。季布能忍，为人奴隶的辱他都受了，冒顿的信对他没有丝毫影响。季布冷静分析形势，觉得对匈奴不能硬打。季布说樊哙该斩的理由是：樊哙面谀。谀，就是谄媚。法令规定，欺骗皇帝者死，何况是面谀。

朝臣听了此话，不以为然，反觉得季布才是面谀之人。朝臣如此反驳，自然是想先斩季布，再让樊哙领兵出征。季布讲，当初高祖皇帝刘邦亲自领兵三十万，兵强将勇，谋士计深，尚且被困白登，连樊哙都被囚困。现在樊哙说只要十万就能踏平匈奴，这难道不是当面欺骗吕雉？他又举例，说秦朝就是因为修长城以抵御匈奴，广征徭役，才导致陈胜、吴广揭竿起义，以致亡国灭种。战争的创伤还没愈合，樊哙就当面谄媚，怂恿战斗，一旦发兵，天下必然大乱。

当初刘邦率领诸武将，雄赳赳、气昂昂地进兵平城，本想一举歼灭匈奴，重振蒙恬当年的雄风，让边疆百姓居有所安。然而，刚到平城，刘邦一行人众就被困七日七夜，衣食难继，兵将饿得连张弓的力气都没有，因此天下人送刘邦几句歌词：

> 平城之下亦诚苦，七日不食，不能彀弩。

朝臣视白登之困为大耻，不轻易提及，如今一听季布说起，朝臣对匈奴的恐惧陡然大增。待季布说起秦末农民起义，朝臣更是担忧大汉步秦朝后尘，因进军匈奴而亡国。季布说完之后，大殿鸦雀无声，朝臣深感惊恐，各归其位，似乎都在回想白登之困。

汉朝正因为吃过匈奴的大亏，后来才使出和亲这一下下之策，以求双方互不侵扰，等国力强盛后让子孙后代去找匈奴算账。朝臣因一时羞辱而气愤，将长远之计抛到脑后，被季布点醒后，都建议继续和亲。

强横的吕雉听了季布的分析也吓得束手无策。然而，想到让自己远嫁匈奴，那是无论如何都行不通的，一时脸有难色。季布见自己的话有效，接着又说："那匈奴既是夷蛮之族，夷蛮之人称赞我们不足喜，我们受他们一点侮辱也不必生气。"

初掌大权，吕雉还没来得及享受，如果远嫁匈奴，跟随刘邦这些年的苦就白受了。只要能够继续掌权，只要不远嫁匈奴，吕雉什么条件都答应，吕雉就像刘邦，为了自己，什么都做得出。季布指出，匈奴蛮横无理，屡次侵犯，除了抢劫外，就是想听听奉承的马屁。吕雉迎合其意，回了一封词甚卑、意甚敬的信给冒顿，信说：

冒顿单于现在还这么挂念我大汉，劳心费神写信给我们，大汉很感激，受宠若惊。你看得起我，要我服侍你，我很高兴。然而，我年纪一大把，容色憔悴，头发稀疏，牙齿掉了大半，路也走不动。单于听到他人说我好的话，一定是被无限夸大了。我现在这样子，怎么能够侍奉单于呢？闻名不如见面，见了我后，你会被吓死的。大汉不能满足单于的要求，伏乞单于见谅。

送去匈奴的除了这么一封卑词满纸的信，还有车子、马匹等丰厚礼物。

看信后的冒顿，派人送来两句话，说："这之前我不知道中原地区的礼仪，现在我知道了，也请太后原谅我的冒失。"

吕雉一番卑词，将冒顿收拾得服服帖帖，和亲照样继续，两家同样交好。

政治之下的悲哀

汉惠帝四年（公元前191年），刘盈加冠。加冠是成年礼仪，意思说年龄到了二十，可以结婚了；说得更深一点，就是成年了，一切都该自己做主了；说得再深一点，就是长成大丈夫了，整个国家都应该听他的。

可是刘盈虽然已经二十岁了，但什么事都由吕雉包办，他只会终日饮酒淫乐。其实饮酒淫乐只是表象，真实本质是伤痛寒心，凄苦难言。

刘盈二十岁了，该成婚了。作为皇帝，成婚事小，册立皇后事大。吕雉是皇太后，为了权力的延续，皇后宝座不能落入他人之手。吕雉给刘盈安排了一门亲事，一门对吕雉极好，对刘盈就不那么好的亲事。吕雉将外孙女塞给刘盈，不管刘盈愿不愿意，吕雉的外孙女必然要成为皇后，就算生不出太子也是皇后。

面对吕雉的好意，刘盈只能再伤心一次。吕雉什么都怕，唯独不怕别人伤心，尤其不怕刘盈伤心。不管多么伤心，刘盈只会饮酒淫乐。刘邦说刘盈不像他，刘盈不只不像他，简直是长不大。都二十岁了，刘盈还弱小得像个孩子。刘盈害怕暴力，他拿不起武器。面对一群狼，若没武器，只能留下伤痕。

仿佛是命运的捉弄，让刘盈生在这样一个寒意森森的家庭。在刘盈年幼时，刘邦将他吊在屁股上，打仗输了就将他踢下车，大声辱骂。刘邦称帝后，没给刘盈一丝父爱，整天只想着怎么废掉刘盈。吕雉虽然爱他，但那爱也是冷冰冰的，可以讲不是爱刘盈，而是利用刘盈。吕雉毒死刘如意，弄死了戚姬，现在又让刘盈娶外甥女。面对这一对狼，刘盈只能是沉默的羔羊。

亲上加亲，这是吕雉巩固自己地位的手段。她为刘盈选的这位媳妇兼外甥女名叫张嫣，是鲁元公主和张敖的女儿。吕雉可能是从娄敬的和亲之计中获得灵感，要不然就是她和娄敬一样聪明。当然，吕雉把张嫣嫁给刘盈，也可能是想在刘盈身上发泄对刘邦的恨。刘邦蔑视张敖，胡乱破口大骂，吕雉偏偏让刘氏子孙身上流淌张敖的血。吕雉这么做，刘盈安然接受，刘邦必定气得吐血，这就是刘盈和刘邦的区别之一。

将吕氏家族全部置入皇族内部，来个立地生根，开花结果，这就是吕雉对付刘氏子弟的根本招数。吕雉想让外孙女张嫣给她生个孙子，可是张嫣同她父亲一样不争气，专在关键时期出错。直到刘盈去世，皇后张嫣也没有生出一个儿子。

汉惠帝五年（公元前190年），冬天打雷，桃李开花，枣树结果；夏天大旱，饥荒连连；秋天，曹参死，接着刘肥死，再接着樊哙和张良也走了。重要的人慢慢走了，吕雉的梦想就要实现了。张嫣虽然生不出儿子，但老天也算对得住吕雉。

汉惠帝七年（公元前188年），刘盈走到人生的终点。据说，刘盈死前发生了两次日食，一次是日全食。日全食，就是太阳不见了，用现在的天文观点，就是太阳被遮挡了。太阳代表太子，太子被遮挡了，预示吕雉真正掌权。

在位七年，刘盈年年郁郁寡欢，天天饮酒淫乐。这七年中，他除了为自己同父异母的兄弟掉几滴眼泪，为自己的小后妈生了一年多的大病，再害曹参的儿子被他老爹鞭笞二百外，就是找几个人去修了一段长城。刘盈仁厚，修长城适可而止，没将国家给毁了。

《汉书》记载：

> 孝惠内修亲亲，外礼宰相，优宠齐悼、赵隐，恩敬笃矣。闻叔孙通之谏则惧然，纳曹相国之对而心说，可谓宽仁之主。曹吕太后亏损至德，悲夫！

这话是说刘盈有仁德，但被吕雉害得短命。然而，一个人活到二十多岁，没有快乐过一天，活着也没意思。活着如果是受罪，不如不活。刘盈悲哀的生命就这样悲哀地结束了，刘盈死后，就没人为吕雉承担她所犯罪行的痛苦。犯罪而不痛苦，犯罪就会持续，直到罪犯死亡。

大概在吕雉心中，刘盈已经不是儿子，只是一个由自己抓握权柄的工具。他死了，吕雉发丧，朝臣见吕雉号啕大叫，就是没见她的眼泪。像吕雉这么一位刚强坚毅的女人，哭而无泪，那就更像一头猛兽。吕雉鬼哭狼嚎，没哭出伤心之意，却将内心的恐怖和担忧一齐哭出。一只既担忧又恐怖的野兽大嚎大叫，天地顿时为之愁惨；黑云压长安，百官害怕得很。

这些年里，几位厉害朝臣接二连三地故去，连妹夫樊哙也死了。樊哙忠勇无二，如果活着，这位妹夫会是她的一大靠山。活着的朝臣中，还有陈平、周勃、灌婴和王陵，这几座大山，压得吕雉的心口好疼。

更大的难题是，张嫣没生一个儿子。刘盈年纪轻轻，竟然比陈平、周勃、灌婴和王陵这几把老骨头先死，吕雉想不通。吕雉觉得，就算刘盈认为活着不快乐，想早死，也该先等老臣们死光才死。刘邦死后，吕雉曾和审食其密谋诛杀老功臣，现在刘盈死了，吕雉自然也有诛杀功臣的打算。

张良死后，他儿子张辟强遗传了他的智慧。张辟强官居侍中，侍中就是陪皇帝玩的人。刘盈一生遭遇如此，英年早逝，张辟强也伤心。他见吕雉号叫干哭，就问丞相陈平，说：“太后只有皇帝这一个儿子，儿子死了，母亲只是干哭，一点都不伤心，你知道其中的原因吗？”

“有什么原因？”

“皇上没有留下一个厉害的儿子，太后很怕你们这些掌大权的大人物。如果你们让吕台、吕产为大将军，派他两个统率南北军，再让所有姓吕的人都在朝中为官。这样太后才会安心，你们也才能免于战祸！”

猝然惊醒的陈平马上发觉局势很不乐观。吕雉心狠手辣，先诛韩信，后斩彭越，接着杀刘如意母子，每件都狠毒无比。吕雉掌权，陈平身为朝臣，稍有不慎，马上人头落地。皇帝新丧，与吕雉争强没有好处，陈平只得暂行缓兵之计。

南北军负责保卫朝廷安全，由吕氏兄弟掌握，朝廷的安危就在吕氏兄弟手中。丞相陈平再调诸吕入朝廷为官，朝中全是吕氏家族人员。自此，大权落入吕氏家族手中。大权在手，吕雉开始任意妄为，大开杀戒。

吕雉的假哭很值钱，真哭都没假哭值钱，女人的假哭最值钱。如果吕雉一开始就来真哭，那她吕氏家族怎么能够突然权力暴增，想杀谁就杀谁呢？刘邦死时，陈平大哭一次；刘盈死时，吕雉狂干哭。两人都哭泣，都是醉翁之意不在酒。

此后，吕氏家族的时代到来了，刘氏子弟在吕雉的眼里犹如蝼蚁。

吕后称制报恩仇

权力的祭坛总需要无数无辜的牺牲品。刘盈是无辜的，张皇后更无辜。只因她生不出儿子，就只好装成花瓶，听凭他人的摆弄，任由他人利用。皇宫大得很，吕雉强得很，为了某些目的，必然要牺牲某些东西，张嫣只是恰好成为那个被牺牲的东西。

刘盈就要不行了，吕雉知道张皇后是无论如何都生不出儿子了，于是只好将张嫣藏到后宫，对外宣称张皇后怀上了龙种。吕雉将其他后宫女人和刘盈生的儿子抱来，说那就是张皇后生的。为了以防万一，吕雉将那孩子的母亲给杀了。

刘盈死后，张嫣生的假儿子刘恭继位称帝。这位小皇帝年弱无能，所以吕雉便临朝称制，意思就是说她行使实际权力。刘盈在位时，吕雉就行使实际权力了，现在当然照样行使。

对性格形成影响最大的是后天因素。刘盈无能，他生的儿子不像他。刘恭没遗传他父亲的懦弱，却遗传了他爷爷的刚劲。然而，身在囚笼，谁刚硬，谁先折。

吕雉虽有权力，但总缺乏安全感。刘盈死后，她总结出一个道理，应该将自己的爪牙分布在关键位置。如果当初诸吕手握兵权，身居要职，她就不用狂号干哭，表演得那么累。

吕雉左思右想，觉得诸吕仅仅掌握兵权不够，一旦发生大事，她的兄弟们撑不起她所构建的大厦。吕雉觉得，只有让诸吕被封为王，割地而治，才有实力。如果诸吕割地为王，天下有一小半就是吕氏的。有这一小半做根基，就算吕雉去世，吕氏家族也稳如泰山。吕雉下了决定，诸吕必须被封为王，谁挡道，吕雉就让谁的血填平诸吕受封为王的大道。

权力欲会给人一种莫名其妙的冲动感，为了权力，就算赴汤蹈火也甘愿。当年刘邦与朝臣誓约：非刘氏而王，天下共击之。曾经誓约的大臣，多半都死了，说话管用的就只有右丞相王陵、左丞相陈平和太尉周勃。

刘邦不能将兵，但是能将将。这是韩信对刘邦的评价，他看得非常准。刘邦临死，说了几句话，竟然将大汉朝廷的方向给划定了。萧何死后，曹参接任丞相；曹参死后，丞相一分为二，右丞相王陵，左丞相陈平，周勃为太尉。刘邦担心王陵不能稳定江山，王陵果然不能。萧何说对了，知臣莫若主。

有的人想了再做，有的人做了才想。王陵不知涵养，率性而为，想到什么就说什么，是个只知道办事，不考虑后果的家伙。他刚听到吕雉的口风，马上将刘邦的盟约抬出来，说“非刘氏而王，天下共击之”，弄得吕雉三分尴尬，七分愤怒。王陵是忠臣，但这样的忠臣一味蛮干，必然坏事。

鉴貌辨色，陈平出头道：“高祖皇帝平定天下，封他的子孙为王，理所当然；太后曾随高祖皇帝征战四方，现在临朝称制，想要封自己的兄弟为王，天经地义。我陈平第一个同意。”陈平说完，周勃附和。封诸吕为王，三人投票，两票通过。吕雉临朝称制，诸吕被封王，完全合法。王陵傻眼了，这是怎么回事？他不明白，为什么陈平会同意这种无理的要求；疑惑之后他更恼怒，陈平竟然忘了高祖皇帝的誓约。

事后，王陵责备陈平和周勃，说：“当初与高祖皇帝歃血盟誓，你们不在吗？高祖刚死，太后专权，你们就曲意逢迎，看你们死后怎么去见高祖！”

“当朝谏诤，我不如你；保全汉朝，延续刘氏血脉，你就不如我。”这是陈平的回答。

王陵虽耿直，却并非不讲道理。陈平此话，点明了事情的要害，将王陵砸醒了。吕雉手掌大权，诸吕稳握兵权，长安是吕氏家族说了算。廷争只是枉费唇舌，得罪了吕雉，只会因此被贬谪。如果忠心的大臣都被贬了，吕雉就会提拔心腹，如此，朝廷就真是吕氏的了。陈平点破了这一点，王陵无言以对；王陵无言，但已经迟了，他被贬定了。

吕雉贬王陵为皇帝太傅，夺他相权。王陵果然只会当朝谏诤，相权被夺后，称病在家，扫地关门，拒不上朝。王陵杜门谢客，不理朝政，正合吕雉心意。没了王陵，地球的转动更顺吕雉的心意，诸吕办事方便多了。十年后，王陵死。

没有王陵碍事，吕雉得以大展拳脚，她升宠臣审食其为左丞相，陈平为右丞相。这审食其曾和吕雉在项羽的大牢中共苦，经这牢中一遇，吕雉对他极是宠爱。刘邦称帝后，只见新人笑，不闻旧人哭，吕雉那颗被冷落的心就由审食其抚慰。审食其没别的本事，抚慰失落女人的心一流，深获吕雉的芳心。刘邦死后，传言审食其和吕雉行事不正，懦弱的刘盈也有些受不了，差点杀了审食其。审食其升为左丞相，但他不理丞相之事，仍旧行使郎中令职权。郎中令是一个专管宫中事务的官职，如此一来，就更让人怀疑他和吕雉的关系。

人心之不同，各如其面。刘盈不记仇，吕雉却记得很深。刘盈死了，有的人欠刘盈的账还没还，这些人中的最大代表就是赵尧。

当初周昌因耿直敢言而暂保刘盈的太子之位，同时也因耿直敢言而被调离中央去辅助刘如意。赵尧挤走周昌，一方面使刘盈少了一把保护伞，另一方面则为吕雉诛杀刘如意安排了障碍。

正当用人之际，失去了周昌，吕雉恨；正想杀人之际，赵尧设了障碍，吕雉更恨。吕雉赶走王陵后，随便找了个借口就将赵尧扔进大牢。照常理来说，赵尧这种无德无能之辈一旦进入大牢，就跟进入坟墓一样，除非奇迹出现，否则别想出来。

“快意恩仇”四个字，该是吕雉的座右铭吧。她记仇深，记恩也深；有仇必报，有恩也必还。吕雉除了提拔宠臣审食其外，还提拔恩人任敖接替赵尧。两人都是吕雉在狱中认识的朋友。

任敖是沛县人，在狱中帮助过吕雉。刘邦造反时，秦朝狱卒去抓刘邦，刘邦顺利逃脱，吕雉却被抓走了。那时吕雉年轻，有几分姿色，狱卒对吕雉动手动脚。任敖素敬刘邦，见吕雉受辱，大怒，让狱卒们吃了一顿硬拳。刘邦是个无赖，任敖这种汉子竟然敬仰他，真是奇迹。

大封朝臣杀皇子

俗语说一朝天子一朝臣，吕雉不仅临朝称制，还大力扶植势力。她的野心，路人皆知。

吕雉提拔外人，那全是铺垫，她真正的目的在于封诸吕为王。

吕雉先提拔开国功臣郎中令冯无择为博城侯，再封张敖的儿子张偃为鲁王，接着封刘肥之子刘章为朱虚侯，并将吕禄的女儿嫁给刘章，最后封吕种为沛侯，封吕柳为扶柳侯，等等。封个侯，没有多大的麻烦，命人写个诏，玉玺一盖就行。

不幸的刘盈留了五个儿子。吕雉就将他们全封为王侯：刘强封为淮阳王，刘不疑封为恒山王，刘山封为襄阳侯，刘朝封为轵侯，刘武封为壶关侯。刘盈的几个孩子小小年纪就卷入皇权斗争，没有一个善终。

自临朝称制以来，吕雉为吕氏家族铺了一条平平坦坦的大道。这条大道通向吕氏政权，先封开国功臣和刘氏子弟以平息众怒，最后封吕氏诸子弟。他姓子弟在最底层，吕氏子弟压在上面，吕雉驾轻就熟，好不轻松。此时的吕雉就是想取刘氏而代之，将吕氏推上历史的舞台。

吕后三年（公元前185年）夏天，长江和汉水泛滥，淹没四千多户人家；秋天，在大白日出现星星，接着伊水、洛水和汝水泛滥，共毁灭两千四百多户人家。

就在这洪水泛滥、灾害不断的一年，张嫣的假儿子新皇帝刘恭死了。刘恭当了几年皇帝，身体长高了，血液奔腾，呼气吸气都是大口大口的。常人一看，就知道他有血气，很勇猛，不像刘盈懦弱无能。他长大了一点，但不懂事，听说自己的妈妈被吕雉害死，他就想报仇。他不只要报仇，还嚷了出来。刘恭说："太后竟然杀我亲娘，让我当另一个人的儿子，等我长大了，我要报仇。"

但命中注定似的，刘恭报仇的愿望终于落空。这孩子藏不住心事，在一个黑暗的环境，藏不住心事的人必定保不住命。吕雉听到这句话后，担心刘恭将来作乱，成为自己的心腹大患，于是将这个小皇帝幽禁在永巷。自吕雉擅权以来，永巷不知道藏了多少人，为了一个人的野心，不知有多少牺牲品从此永远不见天日。

刘恭被幽禁在永巷之后，吕雉对外宣称刘恭病重，为社稷着想，需要另立皇帝。吕雉大权在手，想换谁就换谁，皇帝已经有名无实，只是她发号施令的木偶，布告天下不过是形式。

由于刘恭太过刚硬，给吕雉带来不少麻烦，因此这一次，吕雉想选一个幼小的、温顺的人当皇帝。最终，她盯上了刘不疑，于是削去他的王位，给他改名为刘弘。刘弘，就是后少帝。

为了记录简便，刘弘的年号不称元年。吕雉知道他活不久，既然活不久，又何必麻烦大家，无论什么都将就点。皇位是张椅子，吕雉伸长利爪，谁不听话，就将谁丢进永巷；谁温顺乖巧，谁就能来龙椅上玩玩。除了反对吕雉外，坐在龙椅上的人可以做任何事，包括终日饮酒淫乐。

权力的本质就是暴力。吕雉不只爱权力，也爱杀人，尤其爱杀刘邦和其他姬妾生的儿子。

自从刘如意被封为赵王，他就成了吕雉的眼中钉。刘氏子弟，无论是谁，只要敢接受赵王的分封，吕雉必诛。新的赵王就是刘友。

大方的吕雉不只册封刘氏子弟为王，还送他们每人一位女人。吕雉送给他们的女人，全部来自吕氏门中。谁娶了吕雉送的女人，就必须将她尊为正品夫人，否则后果自负。吕雉不会搞政治，但会搞政治婚姻，她包办的婚姻专门进行权力嫁接。

然而刘友却不听话，他不喜欢包办婚姻，他要自行决定。可是刘家说了算的人不是姓刘的，而是姓吕的。吕雉送了一个女人给他，他怎敢拒绝？但他视此女为虎狼，更深信此女是吕雉的眼线，所以干脆冷落这个正品夫人，去和姬妾纠缠。

正品夫人受不了冷落，便到吕雉面前告状，甚至说刘友曾对自己讲过：姓吕的人妄想称王，等吕雉死后，定将诸吕斩尽杀绝。

不得不说，此女非常聪明，进谗言都抓住吕雉的痛处。吕雉等待一世，辛苦半生，目的就是想吕氏万岁万岁万万岁，刘友竟然想杀绝吕氏。

吕雉听后大怒，找个碴将刘友弄到长安。刘友一到长安，吕雉就派人将他的官邸团团围住，不给吃喝，但凡有人送东西给刘友的，按罪处理。

刘友最终饿死。

刘友死后，吕雉提拔刘恢为赵王。刘恢就是刘友的弟弟，他们还有一个弟弟，名叫刘建。卢绾造反后，刘邦便封刘建为燕王，此举就是封同姓王的最佳表现。然而，刘友死后不久，刘建也走了，吕雉连刘建留下的儿子也给杀了。

吕后做事干净利落，一向斩草除根，绝不留情。刘恢接连为他的两位兄弟送葬。刚办完葬礼，刘恢便继承了赵王之位。

当赵王虽然比当梁王好，不过刘恢已经习惯梁王的生活，不想换环境。他想当梁王，但不敢说。自从被要求离开梁国后，刘恢整天愁眉苦脸，郁郁不乐，仿佛阳气散尽。吕雉送给刘恢的女人，正是吕产的女儿。此女嫁给刘恢，带去了很多自己的心腹。由于刘恢懦弱且惧怕吕雉，慢慢地，吕氏就开始了专权。身在强权压制的环境，刘恢一举一动都受到约束。

刘氏子弟既然如此懦弱，也不能怪吕雉专权。倘若刘氏子弟人人勇猛，吕雉就不能轻易专权。正如修行，如果自己定力不够，就不要怪妖魔勾引。

吕雉专权，是对刘氏子弟的一种大考验。在这种以血泪为代价的考验下，能胜出者定非常人。

拒封王逃过一劫

权力使人滋生生根永固之心，吕雉想让大权永远掌握在吕氏家族手中，然而她知道自己不可能长生不老。为了掌权，吕雉一只手封诸吕为侯为王，让吕氏家族掌握实权；另一只手将诸吕女嫁给刘男，让刘氏皇族中吕姓的血脉更浓。双管齐下，效果明显。

此时，陈平和周勃等大臣的权力已被架空，无力触动吕氏家族；其他朝臣全是墙头草，在吕雉面前只知道唯唯诺诺。刘姓皇子皇孙中，不是被吕雉先封官、次嫁女给收拾掉，就是被处死收拾掉。

放眼天下，吕雉独掌大权，吕氏家族官居要职。

吕雉弄死了几个不听话的皇子皇孙后，又将利剑指向代王刘恒。

刘恒一生默默无闻，刘邦不在意他，他在皇族中十分落寞。他的心中一无所有，他只求有个地方容身。

匈奴入侵，刘喜弃城而逃，刘邦封刘如意为代王。后来张敖因丞相贯高等行刺一事被废，空下的赵王之位被刘如意取而代之。最终刘邦将代王这个称号送给了刘恒。刘恒受封为代王，既不高兴，也不忧心，只是淡然接受。

被封为代王时，刘恒只有八岁。按大汉惯例，如果子弟年幼或者无能，可以挂名为王，另派他人前往管理。这位派去代刘恒管理之人，就是后来联合韩信造反被诛杀的陈稀。陈稀被诛时，刘恒并未受到任何牵连，默默无闻的刘恒仍旧担任着默默无闻的代王。

祸福相倚。刘恒的母亲薄姬生前为刘邦冷落，但也因此没有受到吕雉的迫害。薄姬起初没有什么能耐，只会借算命先生的话骗人。这一招，也是她母亲言传身教，传给她的。薄姬的母亲是魏王宗室的女儿，叫魏媪。魏媪生得美丽，人也大胆，跟一个姓薄的苏州人私通，生下薄姬。魏媪见薄姬越长越漂亮，便将她送进宫，可是当时的魏王魏豹身边美女如云，薄姬难获宠幸。为赢得魏豹的宠幸，魏媪找了个算命先生来制造舆论，说薄姬将会生天子。魏豹听说后，很高兴，对薄姬十分宠爱，天天想方设法让薄姬生儿子。

那时天下纷争，刘邦和项羽正斗得难解难分。一听宠妾能生天子，魏豹马上就想脱离刘邦，靠还没出生的天子当皇帝。因为魏豹的叛变，刘邦势力大削，一怒之下，派曹参攻打魏国。曹参只使出几招，便灭了魏国，诛杀了魏豹。魏豹一死，薄姬被俘去当了一名织工。

一个算命先生说句话，魏豹就陪上自己的性命，十分可悲。薄姬的确能生天子，但不是给她的第一个男人生，而是给第二个男人生。

一天，刘邦去织室，见薄姬有几分姿色，就将她招入后宫。薄姬很高兴，激动难抑，认为自己翻身的日子到了，谁知刘邦将她放在后宫，就像放个花瓶，连她的身子都没碰，自然生不了天子。

希望的火焰就要熄了，但上天就是不让它轻易枯灭；清风徐来，希望之火又燃了。薄姬这个女人，命虽然很苦，但是有机缘。她有两个儿时的玩伴，一个叫管夫人，另一个叫赵子儿，这两个人都得到了刘邦的宠幸。

就在薄姬入宫一年多后的一天，刘邦和管夫人、赵子儿一起喝酒取乐。闲聊时，她们谈到过去，说和薄姬关系极好。她们三人曾约定，先富贵的人不忘后富贵的人。然而，现在她们是天子刘邦的宠妾，薄姬是后宫中的冷人，彼此天差地远，言语中不免讥讽。

刘邦讲义气，尤其在意“苟富贵，无相忘”这一类约定。听到两位宠妾讥讽薄姬，当即为薄姬抱屈，打算宠幸薄姬。

盼星星，盼月亮，终于盼来了刘邦，薄姬马上使出绝招。一见到刘邦，她便说了一句：“昨晚我梦见龙种钻进我的肚子里。”

刘邦想都不想，就说：“让我来替你实现。”就这样，薄姬生了个儿子，这儿子就是刘恒。刘邦事过即忘，从此薄姬母子就冷冷清清地过日子。

冷冷清清的日子薄姬母子早就习惯了。刘邦死后，其他姬妾都被幽禁，薄姬由于不被宠幸，自然不在幽禁之列。见吕雉心狠手辣，薄姬母子趁机逃往代地。刘恒当代王，薄姬当代太后。跟随薄姬母子前往代地的还有薄昭，薄昭是薄姬的弟弟，刘恒称他舅父。刘恒母子对薄昭极为信任。

刘恢死后，赵王一位空缺，吕后封了吕产为梁王，还觉得吕姓地位不够牢固，又想封吕禄为代王。这年秋天，她派使者到代地，要迁代王刘恒为赵王。薄姬母子只求平平安安度过一生，眼见死了那么多位赵王，当然不敢接受。刘恒表示自己绝不接受赵王之位。吕雉给了他两条路选择：第一条，刘恒接受赵王之位，接着她打出嫁一位吕女的牌，最后吃定刘恒；第二条，刘恒不接受，一旦刘恒不接受，她就封吕男为王。刘恒选了后者。

这时，为迎合吕后之意，太傅吕产、右丞相陈平上言，请将武信侯吕禄（原为胡陵侯，后改封）立为赵王。吕后欣然应允，另将赵昭王的名号追封予吕禄父吕释之。

高后八年（公元前180年）十月，吕后封立吕台之子、东平侯吕通为燕王，吕通弟吕庄为东平侯。原燕王刘建于高后七年（公元前181年）九月死，由于他没有嫡生之子，而他的庶子又被吕后派人一一杀掉，这样，他因无后人继位，被废除了封国。吕后在病中仍不忘吕氏一族，她担心早丧双亲、孤弱无助又年少的外孙鲁王张偃，就封张敖前姬两子张侈、张寿为侯，让他们辅佐张偃，同时还封了吕荣为祝兹侯。至此，吕后分封诸吕完毕。

诸刘联合反吕氏

吕后的一手扶植，成就了庞大的吕氏家族。吕后深知，自己分封诸吕的行为定会使得天下人不满，只是这些人迫于威势，敢怒不敢言。她死后，势单力薄的吕族肯定会受刘氏子弟与朝臣的联合攻击。只有掌握军权，才能控制住局势。因此，吕后在晚年，设法让吕氏掌握了兵权，任命吕禄为上将军，统率北军；吕产为太傅兼将军，掌管南军。北军负责守卫都城长安，南军负责守卫皇宫，南、北二军由全国挑选的精锐兵卒组成，驻守京师。

这一时期，朝政由诸吕把持。朱虚侯刘章年方二十，身强力壮，血气方刚，对刘氏宗室不能执掌政权心怀不满。他曾经侍奉太后参加酒宴，刘章自己请求说："我本是将门之后，请太后允许我监酒时依照军法。"太后回答："可以。"酒酣之时，刘章请求吟唱一首《耕田歌》，太后准许。刘章吟唱道："深耕播种，株距要疏；不是同种，挥锄铲除！"太后默然无语，她深知其中所指。不一会儿，参加宴席的诸吕中有一人酒醉，离开席位出去，刘章追上来，将此人挥剑杀掉，还报太后说："有一人逃酒，我以军法将他处斩！"太后及左右人等都大吃一惊，但因太后已经同意他以军法监酒，想治他罪也没办法，于是散席。从此以后，诸吕都很惧怕朱虚侯刘章，朝廷大臣也都要倚重他，因此刘氏宗室的力量增强了。

诸吕用事擅权，因担心群臣不服，就想铲除异己，但由于有陈平、周勃、灌婴这些老臣在，他们不敢动手。

高后七年（公元前181年）七月，陈平担忧自己无力制止诸吕横暴，恐怕大祸临头，便独居静室，苦思对策。恰在此时陆贾来访，未经通报直入室中坐下。陈平正在冥思苦想，竟然没有察觉到。陆贾说："什么事让丞相如此苦思，如此全神贯注！"陈平说："先生猜我思虑什么事？"陆贾说："你一定担心诸吕和皇上年幼的事吧。"陈平说："先生猜得对。此事该怎么办呢？"陆贾说："天下安，就会重相；天下危，就会重将。将与相关系和谐，士人就会归附；天下即使有重大变故，大权仍能集中。安定国家的根本，就在你们二位文武大臣掌握之中。这一利害关系我曾想对太尉绛侯周勃说明，绛侯平素与我常开玩笑，恐怕不会重视我的话。丞相您何不联手太尉，与他密切合作呢！"接着，陆贾为陈平谋划将来平定诸吕的几个关键问题。陈平依陆贾所言，举办丰盛的宴席，用五百斤黄金作为绛侯周勃的寿礼，周勃也回报以重礼。陈平与周勃互相结好，吕氏图谋篡国的意图大为受挫。陈平送给陆贾一百个奴婢、五十乘车马、五百万钱，以示重谢。

太后参加了祭祀仪式后还宫，途经轵道，见到类似于灰狗的动物，猛扑她的腋窝，可转眼间便消失了。太后召来占卜之人，命其占卜此事，回答说："作祟的是赵王如意。"从此，太后腋窝伤痛不止。不久，太后去世，留下遗诏：大赦天下，命吕产为相国，以吕禄之女为皇后。高后丧事完毕，左丞相审食其被朝廷改任为皇帝太傅。

诸吕因惧怕大臣周勃、灌婴等人，未敢贸然作乱。

齐王刘襄智用兵

朱虚侯刘章办事果断，魄力在高祖孙辈当中首屈一指。吕后封他为侯时，强迫他娶了吕禄之女为妻，刘章竟欣然应允，因为可以常常从妻子身上了解吕氏的动态。当他得知诸吕变乱之谋的消息后，立即秘密派人飞驰齐国，向他的长兄齐王刘襄通报，劝其调兵西进，杀掉诸吕而自立；自己则发动大臣在长安做内应。

高后八年（公元前180年）八月，齐王刘襄接报后，便与舅父驷钧、郎中令祝午、中尉魏勃紧急密商，部署发兵事宜，但遭到齐相召平的坚决反对。刘襄派人找召平，召平没有去，反而起兵包围了王宫。魏勃假装与召平合作，骗他说："齐国要想用兵，必须有大汉朝廷的虎符合配才行。您发兵包围王宫，保护齐王，当然是好事，但您还有其他事要办，不如让我来替您统兵护卫齐王吧。"召平起兵并非反齐，目的在于牵制齐王，使他不能领兵攻长安，以免引起大乱。他听魏勃一说，信以为真，就让魏勃统兵。魏勃当即撤出包围王宫的军队，掉头包围了相府。召平叹道："当断不断，反受其乱。"然后自杀了。齐王刘襄消除了障碍，任命驷钧为相、魏勃为将军、祝午为内史，将国内的所有军队调集，整装待发。

为了增加实力和胜算，刘襄派祝午去琅琊（今山东诸城县一带）与琅琊王刘泽联络。刘泽本来就痛恨诸吕当权，但自己已老，兵力又弱，所以不敢轻举妄动。祝午到琅琊后，诱骗刘泽说："吕氏作乱，齐王计划西去救难，诛杀吕氏。齐王自认晚辈，又不谙熟军事，愿意把齐国托付给大王。大王通晓兵法，惯于作战，自高帝时就为将军，如今齐王不敢离开军队，派我请大王赴临淄（今山东省淄博市东北）面商，并请您统率齐兵西进，讨平关中之乱。"刘泽毫不犹豫，立即驰奔临淄。一到临淄，他就被刘襄软禁起来，祝午赴琅琊，调发了刘泽的兵力。

刘泽被软禁，无法返回，便劝诱齐王说："齐悼惠王刘肥是高帝长子，溯其本源，大王应该凭借高帝嫡长孙的身份继位，如今大臣们还在为立谁为帝犹豫不定。而我在刘氏家族中最为年长，大臣们商议决策必然会有我的参与。现在，我留这里已无益处，不如派我入京，与大臣们商议迎立新帝事宜。"齐王认为他说得有理，于是就准备了许多车辆为琅琊王送行。后来在确立新帝的争论中，刘泽却说了反对齐王的话，使他的帝梦破灭。

刘襄部署停当，随即发兵向西攻济南国。齐王还致书各诸侯王，历数吕氏罪状，表明自己起兵灭吕的决心，称："高祖平定天下后，封立刘姓子弟为王。悼惠王为齐王，他死后，孝惠帝派留侯张良使齐，立臣为齐王。孝惠帝崩，高后称制。她年纪已大，听从诸吕擅自废帝更立，又连弑三个赵王，灭梁、赵、燕而封诸吕为王，分齐为四。忠臣进谏，太后不听。今太后崩，皇帝年少，尚不能治理天下，只得依靠大臣、诸侯。然而，诸吕又擅自尊官，聚兵权以强己势，劫持列侯忠臣，矫制以令天下，刘氏宗庙因此而危。今寡人率兵入京，就要将不当为王者诛灭！"

得知齐王刘襄用兵，吕产等人急得团团转。他们一面派遣颍阴侯灌婴前往讨伐，一面调集军队守卫皇宫，同时还加强了长安城的守备力量。这时长安不仅有吕氏家族的大部分人，而且少帝及其名义上的弟弟济川王刘太、淮阳王刘武、常山王刘朝以及鲁王张偃这些年少的封王也都留在京都。形势对吕氏极为不利，对内，他们得提防周勃、刘章这些元老大臣；对外，又惧齐、楚之兵，同时还要提防灌婴反戈一击。

灌婴原是高祖手下的大将，他对诸吕专权一直心存不满，领兵阻击齐王刘襄是他的无奈之举。他率兵进至荥阳（今河南省荥阳县东北）时，寻思道："诸吕在关中掌握兵权，就是想灭刘自立。今天我若是破了齐兵，还军京师，岂不给吕氏增添了篡权夺位的可能。"于是他不再前进，留屯荥阳，然后派密使传书齐王及其他诸侯，表示愿与他们联合，只要吕氏变乱一起，必将其一举诛灭。刘襄接到灌婴将军的约书，十分欣喜，就停兵等待机会。

太尉周勃安天下

就在吕禄犹豫着自己该不该放弃朝中禁军统领的职务、放弃手中拥有的兵权，去做自己的一方之王——赵王时，一个人的到来加快了整个事件的进程，这个人就是他的心腹贾寿。

贾寿是朝中的郎中令，也是吕产最为信任的亲信。自从齐王造反后，吕禄和吕产在派灌婴去平齐王之乱时，还派出了贾寿去齐地探明情况。贾寿一路劳碌奔波，终于在汉高后八年（公元前180年）九月十日的清晨出现在了吕府前。

贾寿的出现成了这场变革的导火线。他一大清早就在吕府里对吕产叽里呱啦说个不停，内容当然是齐王造反的事，中心思想概括起来就是：齐王和灌婴联军，其势强大至极，大事不妙也。

吕产听了他的汇报也是一筹莫展，两人正在商量如何应对时，却不知此时吕府出现了一名偷听者。当局者言，观旁者听。这个偷听者便是御史曹窋。曹窋是前相国曹参的儿子，因为有事，他一大早就来找吕产，结果却无意中听到了吕产和贾寿密谋的事。于是他选择了悄然离开。仆人们对曹窋都很熟悉，还以为他见过吕产才出府的，因此也没有一个门卫来盘问。

曹窋出了吕府，直奔陈府。陈平此时已和周勃形影不离了，听了曹窋的转述后，觉得不能再等了，于是当机立断，作出了马上采取“军事行动”的部署。陈平和周勃针对吕禄和吕产，采取了分而治之的行动方针。

周勃曾随高祖转战四方，是功劳卓著的老臣。惠帝六年（公元前189年），汉置太尉官，即以周勃为首任，掌握全国兵权。吕后上台后，军权落入吕氏手中。周勃首先要做的就是夺回兵权，尤其是南、北二军。他想到了曲周侯郦商。郦商也曾是高祖的重要将领，高祖起兵后，他率四千人归附，后因功封为曲周侯，任右丞相，在朝廷中具有很高的威望。他的儿子郦寄与吕禄关系很密切，于是周勃让郦寄前往吕禄处骗出兵权。郦寄受命前往，对吕禄说：“高帝与吕后共定天下，刘氏所封立的有九王，吕氏所立的有三王，都是大臣商议的结果，事情已布告诸侯，得到诸侯的认可。现在太后已崩，皇帝年少，而足下佩起王印，反而仍然担任上将军，统兵留在京师，大臣诸侯就要怀疑您了。足下何不归还将印，将军队交给太尉掌握？再请梁王交回相国印，然后与大臣们盟誓而去自己的封国。只有这样齐王才会退兵，你才可以安稳地做你的封国之王，这对你、对吕氏是大大的有利呀！”吕禄受到齐王等人的威胁，很赞同郦寄的建议，准备交出将印，将兵权交与周勃，但他自己不敢做主。后来，吕禄与吕产及其他吕氏长老商议此事，仍然难以决定，但吕禄很信任郦寄，时常与之游猎，最后还是将兵权转手让给了周勃。周勃携印在北军中大喊：“拥护吕氏的袒露右臂，拥护刘氏的袒露左臂。”军中将士都袒露了左臂，愿听从太尉调遣，拥护刘氏。

夺了北军，尚有吕产控制的南军。丞相陈平接到曹窋密报，急召朱虚侯刘章协助太尉。周勃命令刘章监守军门，曹窋对门卫说：“不要让相国吕产进入殿门。”吕产此时还未了解情势，以为吕禄还控制着北军，想进入未央宫作乱，却进不了殿门，只好在门前来回走动。曹窋担心阻止不住，就驰告周勃。周勃也怕不能取胜，就没有公开声明要杀吕产，而是给刘章拨了一千精兵，对他说：“赶紧到宫中保卫皇上。”刘章带兵进入未央宫，见吕产已在宫中，就采取行动。吕产见势不妙，赶紧逃跑，却被追上的刘章杀掉了。

刘章击杀吕产后，少帝命人拿节信慰劳他。他想夺下节信，谒者不肯，于是刘章就跟着谒者同车行进，借着谒者所持的节信畅通无阻，将长乐宫卫尉吕更始乘机斩杀。到北军与太尉周勃会师，周勃兴奋地对他说：“我们所患的就是吕产，今已被杀，可安定天下了。”周勃又派人将吕氏男女全部逮捕并斩杀。第二天，吕禄被捕获，旋即处斩；吕媭被处笞刑而死。接着，燕王吕通被杀，鲁王张偃被废。

诛灭诸吕，太尉周勃等人便派遣朱虚侯刘章通告齐王刘襄等人。刘襄本想借讨伐诸吕之机夺取帝位，不料周勃、陈平等老臣智取了尚未来得及变乱的诸吕，他只好收兵。灌婴也从荥阳撤军而归。这样，一场势在必发的战争被化解了。

第二章 文帝登基

大凡有野心的人都很勇猛，勇猛的人却未必有野心。刘章是前者的代表，韩信是后者的代表。但有一句话说得好，谋事在人，成事在天。与世无争的刘恒在大家争得死去活来的时候捡了一个大便宜，继承了皇位，成了最大的受益者。

旦夕祸福由天定

从反吕行动开始到吕氏集团彻底瓦解，似乎只在一刹那，然而，没有亲身经历过那场政变的人永远都不会明白那一刹那的惊心和动魄，那一刹那的艰辛和苦楚，那一刹那的永恒和升华。

一切的一切都随着吕氏政权的毁灭而烟消云散了，一切的一切又都恢复了平静。长安城又得以平静下来，只是这看似平静的长安城里，谁又会知道，宫殿之内，正进行一场激烈的会议。

参与会议的包括陈平、周勃等主要朝中重臣，这次会议很重要，重要到关系国家的命运。因为他们在议论选新皇帝的事，新皇帝的候选人共有三个。

候选人一：刘章。

提名原因：第一个吹响反吕革命号角的人。

优秀事迹：诛吕行动可以说是刘章最先拉开序幕的。他先是在吕后在世时的酒宴上，借用“军法敬酒”斩了一个吕氏家族的小字辈，给了吕氏家族一点颜色看。吕后归西后，吕产与吕禄联合吕氏家族准备诛灭朝中全部大臣，来个宫廷政变，但终因“条件”不成熟而宣告失败（主要是惧怕荥阳手握重兵的灌婴）。刘章从他夫人吕氏那里知道这件事后，意识到再这样等下去，一旦吕氏真的付诸行动，只怕是天下真的要变成吕氏的了。

于是他和弟弟刘兴居联手给兄长齐王刘襄写了一封里应外合的密信，并许以事成之后“皇帝之位”侍之。齐王本来就是一个抱负极高之人，再加上“皇帝”这样的职务太诱人了，所以他不顾一切（甚至还除掉了阻止他造反的丞相召平），然后又利用刘氏宗亲的关系，把叔叔刘泽手下的兵马也夺了过去，最终声势浩大地打出了造反的旗帜。

优势：少年有为，敢打敢拼，富有年轻人特有的朝气。

劣势：辈分太小，威望不足，在刘邦的孙子辈中都排到中下游去了。

结论：自古废长立幼乃取乱之道也。说白了，就是这皇位再怎么轮也轮不到刘章的身上来。因此，第一位候选人因“先天条件不足”被排除在外，实属可惜。

候选人二：刘襄。

提名原因：第一个“拉大旗作虎皮”公开反吕。

优秀事迹：刘襄被刘章拉下水后，高举“反吕大旗”直接向吕氏“动武”。吕氏家族的两根顶梁柱吕禄和吕产面对刘襄的“兴风作浪”，倒是显得很人道主义，他们也许是知道刘襄虽然联合了刘泽的人马，但毕竟还是有限的，于是派灌婴去“支援”。灌婴也不客气，两军接上头后，就真的来了个大联盟，从而埋下了一颗定时炸弹，使吕氏家族的人不敢轻举妄动。最终陈平和周勃在宫内给吕氏家族的人上了最后一堂军事课。就这样，经过大家的共同努力，才把吕氏这反革命集团彻底毁灭了。可以说在整个过程中，刘襄功不可没。

优势：刘襄作为刘邦的长孙，又有“牵敌之功”，是人选呼声最高的一位。

劣势：刘襄的“外史”太强，其舅舅驷钧为人暴恶，和吕后完全有的一拼。

结论：吕氏因为外戚强大，才横行一时。假若立刘襄为帝，驷钧会不会仗着“国舅”这块金牌子打造出第二个“吕氏春秋”来呢？因此，皇帝的又一大热门人选因“家庭作风问题”落选了，亦为可惜。

刘恒画像

候选人三：刘恒。

提名原因：两大热门人选刘章和刘襄相继落选后，代王刘恒捡了个便宜。

生平事迹：代王刘恒是当年刘邦后宫第三人薄姬的儿子。这个薄姬当年见戚姬和吕后两人在后宫争得不可开交，她知道这场后宫的战役无论谁胜谁败，她这个同是后宫的人是不会有好果子吃的。于是，当年刘邦立刘恒为代王时，她便以儿子年幼为由，亲自陪儿子去上任了，从而巧妙地避开了后宫之争。到了代地后，他们母子也从不张扬，而是诚诚恳恳地做人，踏踏实实地做事，从来不得罪某一个人，也不去主动结交某些人。事实证明，他们这种淡泊名利的做法是很成功的，因为无论朝中发生怎样翻天覆地的变化，他们都能确保一方平安。

优势：刘邦众儿子中，现仅存两个，刘恒年龄又较长，又有仁孝之名，不愧为君。另外，刘恒的母亲薄姬清心寡欲，淡泊名利，从不曾参与政事，没有后患之忧。

劣势：暂无。

结论：刘恒在诛吕行动中虽然寸功未立，却拥有两大得天独厚的优势，刘邦众子孙中无人能望其项背。因此，“老好人”刘恒一经提名，众人齐刷刷举手全票通过。

顺天意刘恒称帝

高祖刘邦有八个儿子，刘恒是薄夫人所生，排行第四。赵王刘如意首先被吕后残害。惠帝死，吕后称制，先后被封为赵王的刘友（原淮阳）、刘恢（原梁王）又相继遭毒手，而吕产、吕禄、吕通分别被封为梁王、赵王和燕王。高后七年（公元前181年）秋，吕后曾想将代王刘恒徙封赵王。刘恒知道吕后徙他为赵王是假，除掉他是真，所以坚决不愿受封，表示愿意为国长守边疆，刘恒这才免遭毒手。

在毫无征兆的情况下，代王刘恒得到让他继位的消息后也是既惊又喜，于是马上召集僚属（西汉的藩王有权自行招聘、选任文职僚属，设置府署，帮助处理军政事务，称为“开府”，而统率左右的称为僚属）进行了一次内部会议。

郎中令张武等人议论说：“现在的朝廷大臣都是高帝时的大将，不仅工于用兵，还惯于使用诈谋。他们并不满足于做大臣，只不过原先畏惧高帝与高后的威势才不敢造次。如今，诸吕已灭，他们口头上是来迎接代王，其实心里所想的并不那么简单。代王可先托病不去，以静观其变。”中尉宋昌进言说：“群臣之言差矣。秦末朝政腐败之时，各地诸侯、豪杰并起，当时自以为能够做皇帝的人数以万计，然而最终只有高祖一人登上了天子宝座，现在已没多少人再有做皇帝的念头了，这是其一。其二，高帝封刘姓子弟为王，其封地犬牙交错，相互制约，组成了坚如磐石的宗族体系，刘氏势力的强大，已被天下所信服。其三，汉朝废除了秦朝的苛政，制定了新的法令，对人民施行恩惠，百姓安分守己，民心稳定。再说，吕后虽然立了吕姓王，然而周太尉仍可以轻而易举地进入北军，一声召唤，将士们无一不袒露左臂，表示效忠刘氏，最后扫除吕氏，这完全是天意所授。现在即使大臣们想作乱，也不会得到百姓的响应，刘氏内有朱虚侯、东牟侯；外有吴、楚、淮南、琅琊、齐、代各诸侯国。而今只剩下代王与淮南王是高祖的子辈，况且代王年又居长，更以圣明贤德闻名于天下，故朝廷大臣顺应天意民心，迎立代王，希望代王不要有什么疑虑。”刘恒觉得这番话也有道理，但对自己的去留仍没有决定。他禀告了薄太后，薄太后也要他慎重考虑，他一时难以定夺。

刘恒命人占卜以探明天意，去不去长安就由占卜的结果决定。结果，卜兆是一大条横向裂纹。卜辞是：“大横庚庚，余为天王，夏启以光。”意思是，我将成天王，像夏启一样继承父业并发扬光大。刘恒对问卜者说：“我不已经是王了吗，还当什么王？”问卜者回答：“卜辞所说的天王，就是皇上。”刘恒这才有点相信，就派其舅父薄昭到京城与周勃等人商议立帝之事。周勃详细地向薄昭说明了迎立代王之意。薄昭很满意，回来对刘恒说：“他们是完全可以信任的。”刘恒大为高兴，随即坐车，携张武等六人，一同起程，奔赴长安。

刘恒一行行至高祖陵墓时，停了下来，由宋昌换乘快车去长安观察动静。宋昌车到渭桥（今陕西省西安市近郊），丞相以下的官员都已恭候多时了。他随即回报代王。代主刘恒完全放下心来，马上也改乘快车，意气风发地来到渭桥边。群臣一见代王，立即跪下行拜见之礼。刘恒下车，向群臣一一答谢。

太尉周勃快步向前，对代王说："臣想单独进言。"宋昌不满地说："如果是公事，不妨公开说；如果是私事，代王是不会接受的。"周勃二话没说，跪着将大汉皇帝玉玺及符节向代王呈上。刘恒不便当场接受，说："到了代邸再商量吧。"于是群臣簇拥着代王驱车前往代王宫邸。

到了代王宫邸，右丞相陈平、太尉周勃、大将军陈武、御史大夫张苍、宗正刘郢客、朱虚侯刘章、东牟侯刘兴居、典客刘揭等一齐上前向代王行了君臣之礼，高声说道："刘弘没有资格做皇帝。我们特与阴安侯、顷王侯、琅琊王，以及宗室、大臣、列侯并食封二千石以上的官员商议，一致认为最适合做高帝继承人的就是代王您了。恳请代王不要推辞，尽早登天子之位。"刘恒谦逊地说："我何德何能，怎堪担当刘氏社稷之重任。希望大家再推选一个合适的人，我实在不敢当。"群臣急了，都伏在地上不肯起来，一再恳求，随后群臣上前，硬扶他面南背北坐下。陈平说："我等慎重考虑，代王侍奉高祖祠庙最为合适，天下诸侯及百姓也会这样认为。我等为社稷及刘氏宗庙设想岂能草率？还请代王接受大家的心愿！"说着，再次捧上玉玺和符节。刘恒说："既然宗室、将相、王侯认为寡人是合适的皇位继承人，寡人也就不推辞了。"于是即天子位。群臣各依原职，派太仆灌婴、东牟侯刘兴居先清扫未央宫，奉天子仪仗到代王馆舍迎接，皇帝当日晚住进未央宫。当夜封张武为郎中令，巡查殿中；封宋昌为卫将军，统领南北军。帝坐于前殿，下诏令："诏谕丞相、太尉、御史大夫：昔日诸吕专擅权柄，阴谋篡逆，想危害刘氏宗庙，赖将相、列侯、宗室、大臣将其诛杀，都各伏其罪。朕初登基，应该大赦天下，赏赐民爵一级，女子每百户赐牛和酒，聚饮五日为欢。"

汉文帝封臣立嗣

刘恒当了皇帝，少帝刘弘还住在宫里，为了避免由于争夺帝位而造成刘氏子弟互相残杀，群臣施行先立而后废的策略。齐王刘襄的弟弟刘兴居对刘恒说："诛杀诸吕，我是没有功劳的。请让我为皇上您清宫室。"他就和太仆、汝阴侯滕公（夏侯婴）一起赶到未央宫，上前对少帝刘弘说："您不是刘氏宗室，不应当立为皇上。"滕公随即将少帝载出皇宫。少帝在车上问："想把我送到哪里去？"滕公说："出去住吧！"后来把少帝载到少府。他们另派人通报刘恒说："宫内已被清除。"一宫不能二主，清除宫内，实际上就是清除刘弘。

少帝刘弘被赶出宫后，群臣就为新任天子刘恒准备好皇冠、龙袍以及御车等必备之物。当天晚上，群臣保护刘恒进入未央宫。这时，端门还有十名持戟仪卫没有撤走，他们对刘恒等人说："天子在宫中，您为什么要入宫？"刘恒问太尉周勃是怎么回事，周勃说："他们并不知道陛下才是天子。"于是上前对他们说明了情况，那些仪卫就放下武器撤走了。

刘恒进入大殿，登上天子宝座后，马上召集群臣，连夜处理政务。在群臣商议之后，淮阳王、常山王及少帝等人被诛灭于各自的官邸。

做臣子的，应当力保贤明君主；做君王的，应当寻求忠诚的臣子。高祖靠萧何、曹参、张良等谋臣，又有韩信、黥布、彭越等良将，历尽挫折，夺取天下。得到天下后，韩信等良将纷纷由功臣变成了叛逆之徒，最后都遭到杀身之祸。萧何、曹参等人也是战战兢兢，以保身家性命为重。等到吕后称制后，诸吕掌权，刘氏宗室子弟很多遭到杀害，老臣旧将如陈平、周勃等人更是一刻不得安心。吕后死，他们便竭力推举贤明仁厚又无外戚背景的刘恒为帝。刘恒为帝后，全靠群臣辅佐，施行无为之治，与民休息。从此，天下得到了安宁，君臣之间相安无事。

汉文帝元年（公元前179年）冬，十月二日，皇帝在高祖庙接见群臣。派率骑将军薄昭到代地去把皇太后迎回京，又下诏说："前时吕产自封为相国，吕禄做上将军时，擅自派将军灌婴领军攻打齐国，企图取代刘汉，灌将军停兵荥阳，与诸侯合谋以诛吕氏；吕产想做篡逆之事，陈平丞相与周勃太尉等运谋夺取吕产所控制的北军；朱虚侯刘章首先擒获并斩杀了吕产；太尉周勃亲率襄平侯刘通持节承诏入北军；典客刘揭智夺吕禄相印。因此加封太尉周勃邑万户，赐金五千斤；加封丞相陈平、将军灌婴邑各三千户，赐金两千斤；加封朱虚侯刘章、襄平侯刘通邑各两千户，金千斤；封典客刘揭为阳信侯，赐金千斤。"

朝廷对诛灭诸吕的人论功行赏，右丞相周勃以下，都被赐给数量不等的封户和赏金。周勃在散朝时，小步疾行退出，十分得意。文帝对绛侯以礼相待，很为恭敬，经常目送他退朝，郎中安陵人袁盎谏阻文帝说："诸吕骄横谋反，大臣们合伙将吕氏诛灭。那时，丞相身为太尉，掌握兵权，才凑巧建立了这番功劳。现在，丞相好像已有对人主骄矜的神色，陛下却对他一再谦让。臣子和君主都有失礼节，我私下认为陛下不应如此！"以后朝会时，文帝越来越庄重威严，丞相周勃也就越来越敬畏他。

这年十二月，文帝立赵幽王之子刘遂为赵王，将琅琊王刘泽升为燕王。原来吕氏所夺取的齐楚之地都归还原主，并废除秦法"一人有罪，株连全家"的律令。

次年正月，有官员上疏说，为了尊崇宗庙，应该早立太子。文帝下诏说："朕德行浅薄，上帝神明并不情愿享受我对他们的祭祀，天下人民也认为我还不是他们理想中的皇帝。如今不能广泛寻求天下圣贤有德之人来接替帝位，却建议应该早立太子，这就使我的薄德更亏了，这岂不是辜负了天下人对我的期待？立太子事暂缓计议。"有官吏又上奏："早定太子，正是说明皇上以宗庙社稷为重，证明皇上时时把天下大事牢记在心中。"皇上说："楚王是朕的叔父，年高德劭，具有丰富的阅历与经验，对治理国事了如指掌。吴王、淮南王二人是朕的兄弟，他们二人都是靠道德辅佐我的，这难道不是早就安排好的皇位继承人吗？各侯王宗师兄弟中有不少功臣，有不少贤德仁义之人。如果从上述贤人中推举德行高尚的人来接替我不能胜任的皇帝之位，这就是社稷之灵、天下百姓之福了。今日不去推选贤人，而说一定要立太子，百姓会认为我忘记了贤德的人，而一心想让自己的儿子继承皇位。这不是真正在关心天下大事，朕实不愿采纳。"有官员再三请求说："古代殷、周得天下，长治久安近千年。以往拥有过天下的王朝都不如殷、周相传的长久，就是因为殷、周都采用传位于太子之道。只有皇帝的儿子才能立为太子，历史上都是这样。高帝平定天下，建立诸侯后，才成为刘汉王朝的太祖。子孙继承，世世不绝，这是天下的公理。所以高祖立太子，目的是为了安定天下。今日放弃立子为太子，而另从诸侯宗室中去进行推选，这不符合高祖的本意。皇子启是长子，敦厚仁慈，请皇上立他为太子。"文帝慎重考虑之后，还是同意了。

文帝的长子刘启被立为太子。从此，其生母窦氏就被立为皇后。窦氏能做上皇后，也颇有戏剧性。她自小家境贫寒，父母早亡，仅留兄妹三人相依为命。吕后时，窦氏以良家女被选入宫当宫女。一次，吕后以宫女赏赐诸侯，窦氏也在其中。窦氏家在赵国，所以便请求把她分往赵国。但主管的宦官把这件事给忘了，最后把她分到边远的代国去了。为此，窦氏大哭一场。不想到了代国，窦氏却深得代王的宠爱，生得两儿一女，大儿子即为刘启。而代王的王后以及王后所生的三子，又都先后死去，刘启才得以当太子，窦氏也幸运地当上了皇后。

汉文帝习明政事

文帝下诏说："当春风和畅时，动植物都有复苏之乐，而百姓中的鳏寡孤独穷困者却在死亡的边缘挣扎，作为民之父母其心何安？众卿讨论一下该怎么进行赈济。"诏文又说："老人不穿棉袄不会感到温暖，不吃肉不会感到饱。今年春初，要经常派人看望老父老母，如不赐一些布帛酒肉，又怎么能帮助天下的子孙孝养其亲？有的官吏竟然以陈粟烂米充养老粮，难道这是在贯彻养老的诏令吗？现在我要制订具体条例。"有关官吏通知各县：八十岁以上的老人，赐每人每月一石米、二十斤肉、五斗酒；年九十以上的老人，再增加每人帛二匹、絮三斤。对年过九十的老人赐物及发放养老粮时，县令要亲自督促检查，县丞或县尉要亲自送交。不到九十岁的老人的养老粮，由农政官员、令史送交。各地官员都要督促查办，对不执行诏令的要予以查处。已被判刑及将判二年以上刑罚的老人，不适用此令。

六月，文帝下诏命令郡国可不向朝廷进献财物。惠政广及天下，诸侯及四夷远近都深感皇恩浩荡。于是，文帝下诏奖励从代地到京城的辅佐人员，诏书说：“当大臣们诛讨诸吕以后，迎立朕为帝时，朕心中疑虑很多，很多人劝朕不要离开代地。最后是中尉宋昌劝朕进京继位，朕才得以侍奉高祖宗庙。朕已经加封宋昌为大将军，现在加封宋昌为壮武侯。其他随朕到京的张武等人，提升做九卿。”诏令又说：“跟随高皇帝进入蜀汉的六十八人各增封邑三百户，两千石以上的高级官吏曾经随从高皇帝的颍川守尊等十人封食邑六百户，淮阳太守申屠嘉等十人封食邑五百户，卫尉足等十人封食邑四百户。”封淮南王舅赵兼为周阳侯，齐王舅驷钧为靖郭侯，原常山丞相蔡谦为攀侯。

文帝对于国家大事越来越关心，处理起来也越来越熟练。朝会时，他问右丞相周勃说：“一年内全国判决多少案件？一年内全国钱谷收入有多少？”周勃都谢罪说不知道，他又紧张又惭愧，汗流浃背。文帝又问左丞相陈平，陈平说：“这些事务都由专人主管。”文帝问：“由谁主管？”陈平回答说：“陛下如果要了解诉讼刑案，应该责问廷尉；想了解钱谷收支情况，应该询问治粟内史。”文帝说：“假如各事都有主管官吏，那么您是负责做些什么事呢？”陈平谢罪说：“臣下无能为宰相。宰相的职责，对上是辅佐天子，理顺阴阳，顺应四时变化；对下使万物各得其所；对外安抚四夷和诸侯；对内使百姓归附，使公卿大夫各自得到能发挥其专长的职务。”文帝这才赞好。右丞相周勃在朝堂之上被弄得甚为尴尬，退朝之后责备陈平说：“您平常怎么不教我怎样回答皇上的问题呢？”陈平笑着说：“作为宰相，你应当知道宰相的职责。况且，如果陛下问长安城中有多少盗贼，您能勉强回答吗？”由此，绛侯周勃自知能力比陈平相差很远。过了一段时间，有人劝周勃说：“您诛灭了吕氏，把代王扶立为皇帝，威名远震天下。现在您虽然接受朝廷厚赏，担任受人尊崇的右相职位，可时间一长，大祸就要临头了。”周勃也为自己担忧，就以有病为由，辞去丞相之职，文帝答应了他的请求。八月，文帝罢免了右丞相周勃，从此由左丞相陈平一人担任丞相。

汉文帝刘恒纳谏

文帝执政后，深知听取不同意见对处理朝廷事务的重要，于是，下诏命令群臣进谏，他说："群臣都要认真考虑朕的过失和朕所未知、未见的问题，并请大家告知朕。还请大家向朝廷举荐贤德善良、刚正不阿、能够直言进谏的人才，以辅佐朕。"文帝还下诏，命令务必减轻徭役赋税，以便利百姓；罢废卫将军；太仆留下仅够朝廷用的马匹，其余马匹全部发给驿站用。

颍阴侯的骑从贾山上疏文帝，讨论治乱之道说："我听说在雷霆的轰击之下，无论什么都会被摧毁；在万钧之力的重压下，无论什么帮会被压碎。现在君主之威严远超雷霆，君主之权势何止万钧。君主即便采谏纳言，重用进谏之人，臣子仍然惧怕而不敢全部说出自己的意见。更何况如果君主纵欲残暴，不愿听到别人议论他的过失呢？即使人的智慧如同尧舜，勇力如同孟贲，难道不能被摧毁吗？这样的话，君主就听不到别人对其过失的批评，国家就危险了。

"过去，在周朝时大约有一千八百个封国，以九州的百姓来事奉一千八百国的君主，君主的财富有剩余，百姓也有宽裕的力量，天下太平。秦期时，一千八百国的百姓只供养一个秦始皇，但老百姓精疲力竭也负担不起他的徭役，倾家荡产也缴纳不足他的赋税。秦始皇自认为功德无量，估计他的子孙会万代相传不衰，但是，他死后不过几个月，天下便大乱，其宗庙便遭四面进攻而毁灭了。秦始皇处于被灭绝的危机中却不自知，是为什么呢？就在于没人敢告知他实际情况。天下人不敢告知秦始皇实情的原因，就在于秦王朝没有尊老养老的道义，没有能够辅佐的大臣，罢免批评朝政的官员，杀害敢于当面劝谏他的人。而那些阿谀逢迎、只求自保利禄的无耻小人，将秦始皇吹得德功高于尧舜，业绩超过商汤和周武，却没有人告知秦始皇天下已将土崩瓦解。

“现在，陛下命令天下人荐举贤良之人，天下人备受鼓舞，大家都说：‘皇帝将要复兴尧舜治理天下之道，造就像三皇一样的功业了。’天下之人，皆善其身以求被用。现在，方正之士都已被选入朝廷了，又从中选择贤能的人做常侍、诸吏，陛下与他们一块驰驱打猎，一天之内几次出宫。我担忧朝政由此而松懈，百官因此而玩忽职守。陛下即位以来，大德于天下，百姓对此都感到十分喜悦。我听说崤山以东官吏公布诏令时，老百姓即使是老弱病残之人，也都拄着手杖前去聆听，希望暂时不死，想看到仁德教化百姓的良好结果。现在功业刚刚建立，四方仰慕跟从，在此关键时刻，陛下却只与大臣、诸吏天天射猎，击兔捉狐，从而影响国家的治理，使天下人失望，我私下替陛下痛惜！古代为了让大臣们保持品格和节操，规定大臣不得参与安闲的游乐，这样，群臣就没人胆敢不严格约束自己，从而提高品行修养，尽心事君，按君臣礼节办事。士人在家中养成的品行，都在天子的朝廷上被破坏了，我私下里为之惋惜。陛下同群臣消闲游乐，与大臣在朝廷之上议论国事，这是极为重大的事体。”文帝赞扬了他并且采纳了他的意见。

文帝每次上朝，郎官进呈奏疏，他向来都是停下辇车接受。奏疏上所说的如果不能采纳就放在一边，如果可以采纳就深表赞赏，加以采纳。

汉文帝想要从霸陵上向西纵马奔驰下山。中郎将袁盎骑马上前，挽住文帝的马缰绳，文帝问："难道将军害怕了吗？"袁盎回答："我听说家有千金资财的人，不能坐在堂屋的边缘。圣明的君主不能冒险，现在陛下您要快速驾车，在险峻的山峰上奔驰，如果马匹受惊，车辆被撞毁，陛下可以不顾及自身的安危，可怎对得起高祖的基业和太后的养育之恩呢？"文帝这才停止冒险。

文帝最为宠幸慎夫人，在宫中时常常不避礼节，让她与皇后同席而坐。等到她们一起到郎官府衙做客时，袁盎却把慎夫人的坐席排在下位。慎夫人恼怒，不愿就座；文帝也大怒，站起身来，返回宫中。袁盎借此机会规劝文帝说："我听说尊卑之间次序分明，上下级之间就能和睦。现在陛下既然已册立了皇后，慎夫人只是妾，妾怎么能与皇后同席而坐呢？如果陛下真的宠爱慎夫人，给她丰厚的赏赐就行了，而陛下现在的做法，却恰恰会给慎夫人带来祸害。难道陛下不清楚前朝曾有'人彘'的悲剧吗？"文帝幡然醒悟，转怒为喜，召来慎夫人，把袁盎的话告诉了她。慎夫人十分感谢袁盎，赐黄金五十斤以示奖赏。

这一时期，文帝自己谦逊守礼，而将相大臣大都是老臣，都质朴平实。君臣以导致秦灭亡的弊政为鉴，论议国政时以宽厚为本，耻于议论别人的过失。这种风气影响到全国，改变了那种互相检举、攻讦的恶俗。官吏安稳地做好本职工作，百姓安居乐业。府库储蓄每年都有增加，人口繁衍。风俗归于笃实厚道，刑罚大量减少，甚至一年之内全国只审判了四百起案件，出现了停止动用刑罚的趋向。

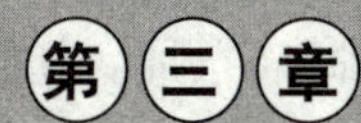

第三章 百废待兴

帝王的决策影响的不仅仅是自己的权势和地位，还能给整个国家带来巨大的变化。随着局势的变化，国策也应当进行适当的调整，拘泥不变，必然会造成被动的局面。汉文帝即位后，面对强臣环视，诸侯王的压力，汉文帝用极高明的政治手腕巩固了自己的统治，强化了皇权，稳定了皇位。

刘恒立窦姬为后

汉文帝刘恒即位后，便去高庙祭拜。礼毕回朝，汉文帝下达了他上任后的“皇帝一号令”，内容是：尊母后薄氏为皇太后；追谥刘友为幽王，刘恢为共王、刘建为灵王；刘遂（刘友的儿子）为赵王；改封琅邪王刘泽为燕王。

搞定刘氏内部的分封后，朝廷大小官员除了微调外，大致未动，陈平和周勃依然是诛吕复汉的首要功臣，丞相的位置非他们两个莫属。只是以前是陈平居右丞相，周勃居左丞相。而这一次，陈平也认为周勃在诛吕的过程中比自己功劳大些，所以主动提出和周勃左右调换一下。

汉文帝只好任命周勃为右丞相，陈平为左丞相，罢免了原来的“情圣丞相”审食其，提升灌婴为太尉。汉文帝还封自己的亲信宋昌为卫将军，镇抚南、北二军；封张武为郎中令，巡行殿中，首次把长安城里的军权牢牢把握在自己手上。他依靠与生俱来的“老练和稳重”，把握住了汉室江山的政权。

薄姬成了皇太后之后，皇后又由谁来当呢？这个自然得问问汉文帝了。汉文帝想也不想，答曰：窦姬。

窦姬最初选择入宫的原因很简单，四个字可以形容：生活所迫。生活所迫到了哪种地步呢？窦姬从小就丧父母，她和弟弟窦广国生活依靠哥哥窦建，可三人毕竟都小，他们每天的共同语言就是一个字：饿。

好在天无绝人之路，正在这时，汉宫每年一次的选秀大赛开始了。窦姬抱着试试看的态度参加了比赛。都说心态决定命运，这句话一点都不假，窦姬凭着“出淤泥而不染，濯清莲而不妖”的独特气质竟然从众佳丽中脱颖而出，顺利进入汉宫。

当时国家大权都集于吕后一身，鉴于“异性相吸，同性相斥”原则，吕氏对这些新招来的美若天仙的宫女并不感冒，而当时的皇上刘盈又体弱多病，自身都难保，自然无福来享受这些美女了。后来吕后便决定把她们分配给各大封王，其用意是，用美女来拴住你们，不让你们有他心。

窦姬真名叫窦漪房，赵地观津人氏（河北清河），按照“落叶归根”的思想，她自然想去赵国了。于是她找到当时管分配的主管太监，表达了自己想去“赵国”的强烈愿望。

然而，她当时入宫还没有多久，拿不出更多的钱来行贿，想牺牲色相，主管太监又无福消受，故太监对她很是不满：你这样是来打发要饭的吧。你想去赵国，我偏不让你去。太监手一挥：代国。

可怜的窦姬这么一个小小的愿望都成了奢望，临行前她欲哭无泪，不怨天不怨地只怨那个断子绝孙的太监。然而，人的命运往往就阴差阳错变化无常，她不会想到，这一去，竟然彻底改变了她一生的命运。她随后就像撞大运一样，好运接二连三地上演。

首先，一到代地，窦姬便得到了当时的代王刘恒的宠爱。男人宠爱女人的原因很简单，要么有钱、要么有才、要么有脸蛋。对于独当一面的刘恒来说，钱和才已经不重要了，因此，排除这两点，只能说明一点，窦姬长得一定很漂亮。也正是因为刘恒的宠爱，窦姬马上就为他生下了一女两男，长女刘嫖，长子刘启，次子刘武。

其次，代王妃红颜薄命。作为“明媒正娶”原配代王妃在窦姬来了没有多久，不知是不是受不了被抛弃被冷落的凄凉感，不久就一命呜呼了。

窦姬貌压后宫，且又知书达理，虽然刘恒并没有马上把窦姬册封为新代王妃，但在他心里已非她莫属了。

更令人惊奇的是，不但代王妃不明不白地去了，她所生的四个儿子也都相继夭折了。总之，窦姬和她的儿子似乎在一夜之间都看到了“曙光”。

最后，天上掉馅饼。在毫无征兆的情况下，刘恒突然就被众人推上了皇帝的宝座。刘恒上任不久，窦姬所生的刘启就被众人一致推为太子，母凭子贵，窦姬自然就提升为皇后了。再后来，汉文帝封窦姬的女儿刘嫖为馆陶公主，刘武为淮阳王，追尊窦后的父亲为安成侯，母亲为安成夫人。

当然，为了避免重蹈“吕氏专政”的覆辙，汉文帝听取了陈平和周勃的建议，并没有直接给窦姬的两个兄弟封官加侯，而是给以良田豪宅安其心。

总而言之，窦氏就这样走上了历史的舞台。

当丞相也有忧虑

话说周勃因为平定吕氏功劳最大，陈平充分发挥谦让的风格，主动让出“右丞相”的位置给周勃，自己甘愿居“左”（古代“右”主“左”次），但周勃并没有买陈平的账，没过多久便以“年老多病，身体有恙”向汉文帝提交了辞职书。

周勃为什么要辞职呢？原因有二：

1. 才能不如陈平。自从诛吕有功，周勃当丞相之后，可以用四个字来形容他：骄傲自大。这样一来，汉文帝就不高兴了。有一次，他问周勃：天下一年发生多少起刑事案件？这个问题的确有点大，周勃自然答不上来。汉文帝又问周勃：每年的谷子收入是多少？周勃还是答不上来。

汉文帝把同样的问题又问陈平。陈平道：“陛下想知道牢狱之事，可问廷尉；谷物出入之事，可问治粟内史。”汉文帝一听就很生气了：“照此说来，你主管什么事呢？”陈平道：“身为丞相，理应上佐天子，下抚万民，外镇蛮夷诸侯，内使卿大夫各尽其职，责任重大，不可不查也。”汉文帝这才转怒为喜。事后周勃就责备陈平为什么不提前教教他。陈平笑着反问说，不在其位不谋其政，既然你现在身在相位，便要知道自己的职责。假如天子问你现在长安城有多少18岁以下的美貌少女，你该如何回答呢？周勃无言以答。通过这件事，周勃知道自己的才华不如陈平，遂萌生退意。

2．功高震主。这个就很好理解了，韩信就是前车之鉴。汉文帝正想摆脱这些老一辈功臣的制约和束缚，于是在一阵“轻叹”声中批准了周勃的辞呈。从此，朝中丞相一职又合二为一，陈平独坐丞相一位。他自从“弃暗投明”跟随刘邦以来，六出奇计，诛吕有功，经过一生的奔跑和奋斗后，终于站在了人生的最高峰。

然而，高处不胜寒。对于已是苍暮之年的陈平来说，又岂能吃得消？不到半年，他就一病不起，不久便与世长辞。

陈平去世后，文帝一时找不到合适的丞相人选，于是又请周勃，周勃又岂是能闲着的主儿，欣然领命。然而，令周勃始料未及的是他二次复出后马上就招来两个人的痛恨。

第一个恨周勃的人是贾谊。

贾谊，洛阳人士，少年出名，曾被河南太守吴公招到门下，备受重用。吴公声名远扬，据说很有治国安邦之道。汉文帝自然不会放过这样的人才，便召他为廷尉（最高司法）。

吴公上任后，自然不会忘了他的得意门生贾谊。因为他的推荐，小小年纪的贾谊一下子升为博士。是金子总会发光的，不久，才华横溢的贾谊又被汉文帝提升为中大夫。再后来汉文帝又想升他为公卿（即九卿，是汉朝第二等的官阶，相当于现在的部长）。

汉朝的“三公九卿”是国家最高权力机构。要进入这里的人，自然得问问“国务院总理”周勃，听听他的意见了。周勃给汉文帝的答复很简单明了：贾谊意在专权，心怀不正，不宜重用。

汉文帝于是改封贾谊为长沙王太傅。一个天才般的人才从此流落诸王之手，甚为可惜。可贾谊当时乃手无缚鸡之力的书生，无可奈何，只得发出这样的感叹：千里马常有，而伯乐不常有。

第二个恨周勃的人是刘章。

吕氏家族被诛，刘章作为青年俊杰，忙里忙外，可谓功不可没。而他的弟弟刘兴居清宫迎驾，也算是一大功劳。

周勃当时曾私下对刘章和刘兴居有这样的口头约定：奏请刘章为赵王，刘兴居为梁王。然而，汉文帝继位后，他超过了陈平坐上了丞相的头把交椅，却把自己的诺言抛到九霄云外去了。就这样，刘章和刘兴居对周勃埋下了仇恨的种子。

是种子总会发芽的。草绿霜已白，日西月复东。过了两年，文帝才想起刘章和刘兴居还从来没有受封过。于是一旨下去，任命朱虚侯刘章为城阳王，东牟侯刘兴居为济北王。

按理说，刘章和刘兴居终于由侯爷变成王爷，实现了人生的梦想，可喜可贺，但“加冕”后的刘章和刘兴居脸上并无半分喜色。原因很简单，这城阳王和济北王其实都是名存实亡的王。

城阳和济北都是隶属于齐地，现在的分封实际上是把齐地一分为三了。齐地本来就小，现在一分为三，这样小小的王，刘章和刘兴居会满意、会高兴吗？

非但如此，汉文帝随后又下了一道圣旨，把刚刚去城阳上任的刘章给活活气死了。圣旨内容如下：任命刘参为太原王，刘揖为梁王（刘参和刘揖都是刘恒的儿子）。刘章觊觎这两个地方的王已经很久了，直到这时，终于绝望，结果来了个死不瞑目。

刘兴居听说兄长气死后，他不干了，愤而起义造反，但他手下那点军队对大汉王朝构不成什么威胁。汉文帝只派了柴武这一员名不见经传的小将去，就把刘兴居杀得丢盔弃甲，落荒而逃。随后柴武乘胜追击，硬是活生生地把刘兴居给生擒了。可怜的刘兴居不忍回京受辱，在路上便咬舌自尽了。

这件事就算这样摆平了，但有人在文帝身边咬耳朵，说这一切都是周勃当年的“誓言”惹的祸，汉文帝正感伤刘章兄弟，结果干脆让周勃“退休”回家了。周勃走后，灌婴捡了个大便宜，成了丞相。

至此，“吕氏春秋”时吕后钦定的三大丞相，陈平死了，周勃退休了，审食其被汉文帝“遣之回家”后又干吗去了呢？

朱建报恩审食其

刘恒仁厚慈爱，宽政爱民，实行休养生息政策，几年下来，国家日渐强盛，百姓生活逐步殷实。就在国家渐渐强盛，百姓生活开始富裕的时候，各地侯王和朝臣相继去世。去世的重要人物有：楚王刘交、齐王刘襄、丞相陈平、燕王刘泽和城阳王刘章。

当初，刘恒称帝，因恶刘襄三兄弟怀有异心，给勇猛功高的刘章和劳苦疲惫的刘兴居封赏微薄，最后还削割齐国的两座城池，他三兄弟怨言塞胸。实力最大的刘襄走了，豪气干云的刘章也走了，只剩下无用的刘兴居。刘兴居既无用又孤单，成不了大气候。刘恒可以安然躺在大汉江山的舒适怀抱里，垫高枕头，闭目酣睡，不必担心。

在吕雉专权的时候，刘邦的几个儿子相继被诛杀，再经岁月催逼，刘邦只剩两个儿子活在世间：孝文帝刘恒和淮南王刘长。刘长年幼，但生性乖戾，骄横霸道，是个难以管教的孩子。仗恃刘恒对他的喜爱，刚刚登上历史舞台，他就演了一出先斩后奏的大戏，那就是：斩杀审食其。

审食其是吕雉的宠臣，甚至是吕雉的相好。俗话说，物以类聚，人以群分。审食其跟随吕雉，他的品行也好不到哪儿。曾有人对刘盈说，审食其和吕雉通奸，秽乱宫廷。审食其和吕雉的关系本就暧昧，刘盈听后，不敢动他母亲，立刻命人抓捕审食其，准备诛杀。臣下与主人通奸，诛杀臣下，遮盖主人过失，这是中国宫廷的惯例，刘盈只是照例行事。刘盈因通奸事诛杀审食其，吕雉知道刘盈顾及她的脸面，不好出面求情。朝臣深受吕雉擅权的毒害，人人欲审食其先死而后快，没人出面求情。审食其深陷牢狱，害怕被诛，使人找朱建帮忙。审食其曾经帮助过朱建，朱建欠他一份恩。朱建品行高尚，傲骨自矜，所以必须回报审食其的恩情，争取早日与审食其断离关系。朱建的这种君子品行，通常被说成是报恩文化。本尼迪克特在作品《菊与刀》中有论述，她认为报恩文化被深深内化于个体心灵，个体不愿欠恩，有恩必报，倘若不报，会心负内疚。像陆贾一样，朱建也是楚国人，也同样是辩士，有张利口。起初，朱建是英布的相国，后来犯事被罢免，不久重又担任英布的相国一职。英布造反，朱建劝阻英布，英布不听。英布兵败，刘邦感激他对英布的劝谏，封他为平原君，迁他入长安。刘邦做事有头无尾，迁朱建进长安，却不管他生活，让朱建在长安自生自灭。朱建自负清高，不肯随便结交，没多久，朱建就“举家食粥常赊”。审食其知道何为贤人，他见朱建辩才无碍，人品高洁，便登门结交。朱建深恶审视其，扫地逐客，关门拒绝。朱建老母亲身死，没钱安葬，朱建找陆贾帮忙。陆贾答应相帮，但不是直接给朱建安葬费，而是间接帮助。辩士无处不到，无消息不知。朱建拒绝与审食其交往，陆贾便有心拉拢朱建和审视其。送朱建出门后，陆贾就去对审食其大道恭喜贺喜，朱建的老母亲仙逝。审食其很纳闷，朱建的老母亲死了，陆贾怎么到他家贺喜。陆贾说，朱建穷得叮当响，没米下锅，他老母亲死了，急需安葬费；如果审食其及时送钱去帮助，日后审食其有事，朱建必定效死力。审食其带金带银前往，朱建没拒绝。朱建是君子，君子必孝。为自己，朱建守身如玉，宁折不弯；为母亲，朱建能屈能伸，宁屈不折。徐庶因为老母亲，离刘就曹，也被传为佳话。

朱建与徐庶，在人格上都很相似。

同是辩士，陆贾门门通，样样吃，只要送到他眼前，他绝不拒绝；朱建自负清高，目下无尘，不肯结交，以致穷困落寞。朱建与陆贾的差异，不仅在辩才上，更在人格上。

审食其深陷牢狱，使人找朱建帮忙，朱建说监狱看管紧得很，不敢探监。朱建没去见审食其，去见刘盈的宠臣闳籍孺。他对闳籍孺说：“人人都知道，你是皇帝的宠臣。皇帝欲诛审食其，人人都说是你想杀审食其，进谗之故。审食其是太后的宠臣，如果审食其被杀，太后必然想法子杀你

泄恨。如果你在皇帝面前美言几句，审食其被赦，太后高兴，你必有好处。”闳籍孺畏惧吕雉，在刘盈耳旁美言几句，刘盈真的就放了审食其。

都说宠臣害事，果然不错。闳籍孺几句话，刘盈竟然放了与自己母亲有通奸嫌疑的恶人，真是笑话。审食其出狱后，知道朱建相救，深感大德。

朱建救了审食其一命，他却因此而死。

刘长愤杀审食其

一朝天子一朝臣。吕后去世后，靠吃“青春饭”的审食其失去了生命中最大的依靠，随着吕氏家族的彻底毁灭，审食其只能感叹“无可奈何花落去”。刘恒上任后，任诛吕有功的周勃为右丞相，陈平为左丞相，直接把当年的“一把手”审食其踢回家了。

应该说刘恒能放审食其一条活路，是本着人道主义精神的。然而，审食其不会想到，他还是不得善终。因为审食其除了欠刘邦的账外，还欠一个人的账，账的主人叫刘长。

欠账还钱，天经地义，不是不还，时候未到。那么，这个刘长又是何许人物呢?

淮南王刘长是高祖的第五个儿子，其母为赵姬。赵姬本来住在赵王张敖宫中，高祖刘邦当年从东垣到赵国，当时正讨伐“犯上作乱”的韩王韩信。张敖当时已被吕后钦点为“上门女婿”，而刘邦却对面相柔软的他持“观望”态度。

张敖为了讨好“准岳父”，便让宫中最美的宫女赵姬前去“侍寝”，这正合风流成性的刘邦的胃口。

第二天，刘邦挣脱美人的怀抱，来去如风，留下一分快乐，不带走半分感情。

这种事对刘邦来说是常有的，是家常便饭，从来都没有放在心上，但赵姬却因为这“一夜情”留下了永远的烙印，她的肚子里居然怀上了龙种。

张敖虽然还年少，但听说赵姬怀上了刘邦的龙种，心里那个美啊。对于他来说，赵姬肚子里的孩子就是他的宝。为了把“准岳父”的“把柄”牢牢地握在自己的手里，他想尽了办法。单是轮流照看赵姬的宫女就安排了三班倒，二十四小时全方位不停歇服务，而且为了给她一个更舒适的环境，还从私房钱中拨出巨款修筑一座宫殿，可谓动了老本。

就在张敖全心全意为“准岳父”留下这个得之不易的儿子时，就在赵姬快要临产时，就在大功告成之际，命运却和张敖及赵姬开了个玩笑，贯高等人谋反，东窗事发，张敖被捉拿入京。张氏家眷也被拘禁在河内狱中，赵姬自然也逃不了干系，也被囚禁起来了。

由于是在狱中分娩，惊动的人不多。赵姬把孩子的身世原原本本告诉了狱官，狱官因为工作的独特性，多年来，他只负责报忧不报喜，送到这里来的人有忧无喜。此时，千载难逢的好机会摆在面前，他便马上到郡守那里报喜去了，郡守又马上向朝廷报喜，但朝廷的结果却是如泥牛入海，毫无音讯可言。

都说上阵父子兵，打虎亲兄弟，关键时刻还得看赵姬的弟弟赵兼的表现了。赵兼亲自上京，他知道以他的身份直接去见刘邦，只怕是太阳从西边出来——没门儿。于是他找到了他一个朋友——审食其。

审食其念其旧情，便把这“刘邦微服私访生私生子”的事告诉了吕后，他以为只要吕后出面，一切就好了。但他忘了很重要的一点，那就是女人和女人之间最大的特点是嫉妒。

张爱玲曾说过：“所有的同行都是敌人，所有的女人都是同行，所以所有的女人都是敌人。”哪个女人不希望自己的丈夫只有自己一个女人呢？虽然身在那样的社会，那样的皇朝，是没办法的事，但吕后还是打心眼里抵触刘邦纳妾。结果可想而知，审食其肯定因此而被罚。

审食其因此而使太后生气，自然不会去见赵兼，赵兼又为总是见不到审食其发愁。眼看再这样一天一天下去，春去秋来，只怕愁白了少年头也不知道何时是个尽头，赵兼只好又回到了赵地。

这期间，赵姬在狱中只盼望刘邦蒙赦大恩，把自己接进宫去，从此荣华富贵。然而，她盼星星盼月亮，盼回的却是弟弟赵兼一张绝望而忧伤的脸，赵姬的心一下子坠落到了万丈深渊，什么荣华富贵，什么天长地久，那只不过是自己一厢情愿的一个梦而已。

赵姬在绝望中结束了自己的生命，只留下那个可怜的婴儿让狱吏犯愁。毕竟这个婴儿是“龙子”，狱吏内心里，最终正义战胜了邪恶，道德战胜了伦理。在狱吏的积极努力下，这个婴儿最终保全了性命。

日月如梭，时来运转，后来张敖“无罪释放”，郡守派人连同奶妈和赵姬所生的儿子一起送上京城找刘邦去了。

刘邦要不是见了这个长得像极了自己的婴儿，几乎忘了那“一夜情”了，于是直接便认了这个“天上掉下来的儿子”，还取了个很好听的名字刘长——长长久久，天长地久。

刘长后来便成了淮南王。再后来从舅舅赵兼口中得知自己的生母赵姬冤死在狱中，赵兼充分发挥其“老鼠偷油”般的口才，添油加醋地把审食其不肯相救才导致悲剧的发生说了出来。

“审食其杀死了我母亲，我一定要血债血还。”刘长从此把仇恨的种子埋在心里，杀死审食其成了他的终极目标。然而，那时吕氏一手遮天，审食其被吕后宠着，正当红，谁也拿他没办法，更别说他刘长这个小小的淮南王了。然而，人生的潮起潮落谁又能预料，汉文帝上台后，审食其下台了，这印证了那句老话：三十年河东，三十年河西。

汉文帝接任后的第三年，刘长来了趟长安，理由是“朝拜”皇兄。汉文帝只剩下这么一个兄弟了，再加上身世等方面“同病相怜”，两人见面后如胶似漆，再也不忍别离，于是刘长便在长安“长住”下来。

其实刘长长住下来是有目的的，他一直在寻找机会干掉审食其，但明着叫他的皇兄干掉这姓审的，仁德憨厚的皇兄肯定不同意，于是他决定来暗的。

为了试探“暗”的可行性，他先对皇兄刘恒进行了一次考察。一次去皇城郊区的上苑打猎，他不但毫不谦让地和皇兄同乘一辆马车，说话时也不顾名分，直呼汉文帝为兄长，大有入乡随俗之势。试探的结果是汉文帝对他的“无礼”毫不介意。

通过这次试探，刘长心里有底了，他的“暗招子”可以付诸行动了，他没有去外面雇用“杀手”“刺客”，而是拿了一把铁锤藏在身上，然后带着一番人马直奔审食其的住处。

已是“明日黄花”的审食其听说淮南王屈驾他的寒舍，赶紧出来相迎。嘴里还念念有词：“不知什么风，把淮南王吹来了，有失远迎，罪过罪……”

说到这里，他便真的醉了似的倒在了地上。刘长得意地收起铁锤，又叫手下割下他的头颅，然后扬长而去。

罪未罪兮误终身

面对刘长的先斩后奏，汉文帝面临两种选择：一是治刘长的罪，砍了他的人头，以敬老丞相在天之灵；二是不治刘长的罪，默认他的所作所为，以削高祖之绿帽辱。

当然，刘长也没有闲着，他为自己进行了“法辩述”，详细陈述了杀死审食其的三点理由。

1. 他的生母以前居住在赵国，贯高等人谋反之事与她毫无瓜葛，审食其明明知道其中原委，却不肯入宫禀报，致使他的母亲含冤而死。审食其一缄其口，这是第一条罪。

2. 赵王刘如意母子枉遭毒害，审食其身为吕后身边的大红人，理应据理力争，让双方化干戈为玉帛，但他却眼睁睁看着赵王喋血和“人彘”事件上演。审食其二缄其口，这是第二条罪。

3. 吕后册封吕氏一族为王，危及刘氏，审食其却眼睁睁地看着“本是同根生，相煎何太急”的吕刘进行火拼。审食其三缄其口，这是第三条罪。

最后总结：审食其先为辟阳侯后为右丞相，身受国恩，不思图报，于国家命运在水深火热之时，该出手时不出手，该说话时不说话，三缄其口，恶贯满盈，罪不可恕。

汉文帝本来就对审食其没有好感，现在见刘长陈述得头头是道，再加上疼爱这个唯一的弟弟，于是默认了他的行为，选择了第二种方案，不治刘长之罪。然而，有罪不治的后果是：刘长回到封地后日益骄恣，作威作福。

于是乎，各地的告状信如雪花般飞进了汉文帝的办公室，汉文帝没辙了，总得表示表示吧！他于是写了一封信对刘长进行了“忠告”：骄恣有害健康。

刘长对皇兄的“忠告”采取的办法很简单，三个字：耳边风。汉文帝见自己的弟弟不给面子，也不生气，又劝刘长的舅舅写了封信给刘长进行“劝告”。

刘长对“准舅舅”的信采取的办法同样很简单，四个字：置之不理。只是后来给他写信的人多了，他才决定给皇兄一点颜色看看，谁叫你爱管闲事呢？于是，他派人秘密入关中，勾结棘蒲侯柴武的儿子柴奇同谋造反，并且立下约定：在长安北方的谷口行事。

柴奇已好多年没有打仗了，正手痒痒，名将一出手就是非同小可，他给刘长制订了一个“四面合围”长安的铁笼计划：南联闽赵、北通匈奴、东边有我，西边有你，如此大计可成也。

刘长很是高兴，马上就对柴武的信史开章进行了很高的奖赏，封妻荫子不在话下。那信史一高兴，也许是喝多了，便把谋反的事给暴露出来了。消息一传十，十传百，马上传到朝廷去了。

直到这时，汉文帝还是对自己的弟弟抱有最后一丝侥幸心理，于是只派人去抓开章。刘长听到风声，马上就来了个“杀人灭口”，可怜开章才刚开始享受荣华富贵，便一命呜呼了。

开章死后，已是死无对证。汉文帝没辙了，只好召刘长入宫去“解释”这件事。刘长当时还在谋反的筹备阶段，为了不打草惊蛇，只好硬着头皮进京了。一到京城，汉文帝便命人对刘长进行了“突审”，在猝不及防下，刘长心理防线彻底崩溃，如实交代了自己犯罪未遂的全部事实。最终判处刘长死刑，剥夺政治权利终身。

对于这样的结果，汉文帝大为不满，他驳回法院的判决，重新派人进行二审。二审的结果还是一样，这下，汉文帝没辙了，本着“坦白从宽，抗拒从严”的原则直接进行了改判：撤去刘长淮南王的爵位，贬为蜀郡严道县邛邮去当平民，其余参与谋反的人一律斩首示众。

按汉文帝的意思，让他这个弟弟去汉中那些荒无人烟的地方锻炼锻炼，如果他能迷途知返，真心悔改，再让他重新做他的王爷。

由上可知，汉文帝对这个弟弟可谓仁至义尽，但事实证明，这只是汉文帝单方面“一厢情愿”的想法，刘长已采取了“破罐子破摔”的对策，在去蜀中的路上，他就进行了绝食表示对皇兄的严重抗议。

刘长虽然沦为布衣，但却认为去蜀中吃这些东西就是“嗟来之食”，于是他拒绝饮食，最终被活活饿死。刘长死后的连动效应是，从此民间谣言四起：一尺布，尚可缝；一斗粟，尚可舂，兄弟二人不相容。

对此，已深感“后悔”的汉文帝为了消除不良影响，恢复其仁德的荣誉，追谥刘长为厉王，封刘长的大儿子刘安为淮南王（袭承刘长爵位），封刘长的二儿子刘勃为衡王，封刘长的三儿子刘赐为庐江王。

重用人才

权力是一个很奇妙的东西，既不能随便授权，也不能不分权。权力没有一个具体的量，并不是你拥有了，别人就一定会少。只要会驾驭权力，分封得当，那么权力就会为己所用。作为皇帝，不能自己独揽大权，事必躬亲，那样会累死自己。要学会放权，重用那些有能力的人，使他们为己所用。

十年仕途一朝升

汉文帝上任后，除了重用老将陈平和周勃外，还慧眼识丁，亲自发现并提拔了一些人才作为朝中栋梁之才任用，这其中就包括张释之。

张释之字季，南阳堵阳县（今河南省方城县）人。原本是骑尉（相当于警卫员），官路极为坎坷，十年内都没有得到升迁，个中辛酸可想而知。后来一次偶然的机会被汉文帝发现，于是任他为谒者（类似于军队里的传令兵）。到了这个位置跟皇帝接触多了，他的才华终于得到了展示，他谈古论今，满嘴之乎者也把汉文帝唬得晕乎乎的，于是汉文帝大手一挥，他便变成了谒者仆射（谒者的负责人）。

虽然只是上了一小级，但毕竟这次没有等十年那么久，而他随后做的三件事却使得他的仕途从此青云直上。

1. 散步散出个“宫车令”

一天，汉文帝饭后去散步，带着一千侍臣到了上林苑。但见草茂林密，鱼跃鸢飞，心情为之一畅。当经过虎圈的时候，但见里面各种珍奇异兽应有尽有，威武至极。汉文帝一时好奇，于是询问上林尉禽兽数量情况。上林尉平常吃香的、喝辣的，哪里注意这些事，自然答不上来了。

正当上林尉尴尬万分时，一个啬夫挺身而出，从容代答，解了上林尉之围。文帝对这个啬夫很是赏识，便令张释之封他为上林令。

张释之却不买他的账，问道：“陛下认为绛侯周勃和东阳侯张相如的人品如何？”

文帝道：“他们都很好啊！又老实又忠厚。”

张释之道：“陛下既然知道两个忠厚仁义，为何现在想重用啬夫呢？这二人平时不怎么发言，但都是一言九鼎啊！怎么比得上一个啬夫夸夸其谈呢？”文帝若有所思。

“陛下可记得秦始皇？”张释之道：“始皇喜欢任用主办文书的官吏，用繁冗苛刻来显示精明，后来这个不好的习惯就一直沿传了下来，众人都擅长辩论，做了错事都想尽办法开脱，最终害人又害己啊！如果陛下认为啬夫口才好就升迁他，臣担心大汉会步秦朝后尘啊！”

文帝点头称是，没有加封啬夫为上林令，而是加封张释之为宫车令（秦时始置，为尚书台首长，是直接对皇帝负责、掌管一切政令的官职）。

2．守门守出个“中郎将”

一天，太子和梁王一起入朝，走到司马门时，梁王和太子都没有下车。恰巧张释之早已守在这里三天三夜没有合过眼了，于是一把拦住，严令他们下车，全然不顾梁王和太子的尴尬，之后还打了一个报告送到汉文帝那里。

这司马门是一道极为重要的门，按汉初的禁令，除了天子外，无论何人经过这里都要下车步行。

汉文帝看了张释之的报告，批以“家事不足挂齿”就算了事。薄太后后来听说了这件事，便召来文帝，对他的行为进行了严厉的批评。国有国法，家有家规，太子和梁王知法犯法，理应惩罚。

汉文帝对薄太后向来很是尊敬孝顺，此时自然虚心接受母亲的教诲。后来他脑瓜一转，便导演了一出把太子和梁王抓来打入牢中，然后由太后亲自去解救的闹剧来掩人耳目。

戏结束后，汉文帝成了最佳导演，太子和梁王成了最佳演员，薄太后成了最佳编剧。张释之虽然没有得到最佳称号，却成了最大获益者，由“宫车令”变成了“中郎将”。

3．说话说出个“廷尉”

文帝喜欢的女人除了窦姬外，最宠爱的就是慎夫人了。慎夫人不但人长得美貌如花，而且还多才多艺，一如当年刘邦的宠姬戚姬。

这一天，文帝出游霸陵，他左手美人（慎夫人），右手才子（张释之），好不风光。霸陵是汉文帝为自己修的陵墓，好山好水自然不用说了，站在山顶眺望一番，汉文帝的目光停留在山脚下一条细长蜿蜒的通往邯郸的小路，有感而发，突然吟道：“七雄雄雌犹未分，攻城杀将何纷纷。秦兵益围邯郸急，魏王不救平原君……”

汉文帝本来想卖弄一下自己的文采，以博身边的慎美人一笑，却不料慎美人的脸上越来越阴沉灰暗，似要下雨了一般。汉文帝不由一愣，随即明白了什么，赶紧打住不再往下吟了。

原来慎夫人的老家便在邯郸，汉文帝的诗让她产生了思乡之情，自然神情凄然起来。但见她从身边的侍女手上抱过一张琴，率指纤纤往琴上一搭，幽美动听的旋律顿时响起，却是一曲《琵琶怨》：

蜀丝鸳鸯织锦衾，逻檀凤凰斫金槽。
弦抽瓮茧五色毫，双成十指声嘈嘈。
冢头青草天山雪，眼中红冰嵬下血。
哀弦凄断感情烈，池上蕤宾跃方铁。

琴声凄美至极，汉文帝此时亦是伤感不已，于是道："人生苦短，譬如朝露。我死之后，如果用北山石为外棺，再用综絮杂漆涂封，定能坚固不破，虽千百年不动也。"

众人皆是，只有张释之答道："陛下此言差矣。"就在汉文帝的老脸挂不住时，张释之马上又为他的话进行了解释："臣认为皇陵中如果藏有大量金银珠宝，就会有人垂涎，就算用北山石为外棺，也不免有隙可寻。倒不如不置任何宝物，这样的话，就算没有坚硬的外棺，也没有什么顾虑了。"

"然也。"汉文帝马上转忧为喜，于是手一挥，张释之从郎中令马上升为廷尉（相当于最高司法厅厅长），官位二品，位九卿之列，仅次于三公。

张释之只用了三句话就连升三级，进入了国家最高领导层，真可谓青云直上啊！

张释之成了最高司法的顶头上司后，他赏罚分明，量刑得当，成了铁面无私的"张青天"。我们从两个小例子来看看。

一次，文帝出巡路过中渭桥，结果拉车的马被一个行人惊吓，这在当时叫作犯跸（即触犯了皇帝的行动），事后这个行人自然被"刑事拘留"了。

张释之审理后，知道了事情的来龙去脉：行人听到了行车的声音，因为来不及躲闪，就躲到了桥下边。一会儿后，他觉得汉文帝的车马应该走远了，就从桥下出来，结果却恰好撞上了汉文帝的车驾。惊慌之下拔腿就跑，就这样使马受到了惊吓。于是，张释之依照法律规定，作出这样的判决：罚金四两。

汉文帝被一个不知天高地厚的行人给骚扰了，满以为交给张释之后，张释之一定会为自己出一口恶气，结果对他这样的判罚自然不满了。

汉文帝道："轻也！"（判得太轻了！）

张释之道："轻乎哉，不轻也！"（轻吗？不算轻了！）

汉文帝道：“孰轻孰重？”（什么叫判得轻，什么又叫判得重呢？）

张释之道：“轻者自轻，重者自重。”（犯罪轻的人自然要轻判，犯罪重的人自然要重判。）

汉文帝道：“挠天子之罪何谓轻？”（惊扰天子的罪名算是轻的吗？）

张释之道：“天子犯法与民同罪，如果违背律条，轻而重判或者重而轻判，就会使法律失去信用。既然陛下让臣来处理，就要按照国法办事，如果我带头任意行事，那岂不是给天下的法官们起了坏作用吗？”

汉文帝听他说得有理，也就不再追究这件事了。

还有一次，祠庙中高祖刘邦塑像前边的玉环被人偷走了。汉文帝一声令下，这偷玉环之人自然成了“一级通缉犯”。也正是因为这样，盗贼很快就被抓住了。

这件事自然还是交给张释之来办了，处罚前，汉文帝特差人送了一个字谜让他猜：千里姻缘一线牵。张释之看了之后，也回了一个字谜：太阳西边下，月儿东边挂。

汉文帝的意思很简单，就是叫他判“重”点，而张释之回答说“明”白了。最后，张释之则按照法律规定判处盗贼弃市（即砍头再陈尸示众，以表示被众人唾弃）。

哪知这回汉文帝对张释之的判罚更加不满，到了怒发冲冠的地步：这样的衣冠禽兽，你为什么只杀他一个，不处以族刑（即诛杀全族的刑罚）？

张释之摘下帽子跪地道：“国法没有规定盗哪个庙的东西重处，盗哪个庙的东西轻处。如果现在判此人族刑，那将来万一有小民在高祖的陵墓上抓了一捧土，陛下又要用什么国法来治罪呢？”

文帝觉得张释之说得有道理，又问了一下太后的意思，便默认张释之处罚得当，不再追究了。

敢言敢谏真君子

张释之之所以能从一个小小的骑尉在沉寂十年后步步提升，得感谢一个人，这个人的名字叫袁盎。

袁盎，楚人，字丝，曾经在吕后的侄子吕禄那里做舍人。汉文帝即位后，提拔他做了中郎。袁盎敢言敢谏，素以刚烈著称。他的人生格言是：知其为小人又以小人矫之，则小人之谄益张；知其为君子而更以小人参之，则君子之功不立。下面我们来看发生在敢言敢谏的袁盎身边的几件小事吧：

1．与狼共舞降身份

汉文帝宠信一个叫赵谈的宦官，常常让他和自己同乘一车。如此几番，袁盎就到汉文帝面前说话了："臣听说与天子共乘一车的，无不是天下豪俊，如今汉朝虽然缺乏良才，但也不能同一个太监共乘一车吧！"（臣闻天子所与共六尺舆者，皆天下英豪，今汉虽乏人，陛下独奈何与刀锯余人载！）汉文帝一听大窘，立马赶赵谈下车。

2．无规矩不成方圆

一次文帝出游，这次，他不再是左手美人右手才子了，而是左右手都是美人。窦皇后和慎夫人同游上林苑，上林苑的官员安排了休息的地方，众人都随着汉文帝入座。汉文帝和窦皇后自然坐正中间的席位，这时，慎夫人走到窦皇后身边，刚要准备坐下，袁盎就像玩小孩整人的游戏一样，一把抽开了慎夫人身后的椅子，并向右努了努嘴，意思是那里才是你该坐的地方。

慎夫人是什么人，她可是皇上身边最宠爱的两个女人之一啊！平时和窦皇后在汉文帝身边扮演左手红颜右手美人惯了，常与窦皇后平起平坐。这次，慎夫人自然也就“理所当然”想坐窦皇后身边了。而偏偏这不知好歹的袁盎却进来掺和坐还是不坐这是个问题。慎夫人那张吹弹可破的粉脸一阵红一阵白，两道柳叶眉竖起，活像两把钢刀欲把袁盎斩个粉身碎骨才解恨。

汉文帝眼看这一对绝世的才子佳人这样“横眉冷对”大有进一步升级的迹象，他索性站起来，朝外走去。他一起，窦皇后也自然跟着走了，这下慎夫人着急了，哪里还顾得继续和袁盎“横眉冷对”，也跟着走出去了。

事情看似到这里就该结束了，但依袁盎的牛脾气，自然不干了。他向汉文帝进谏说：“国有国法，家有家规，臣听说尊卑有序，才能上下和睦。如今陛下既已册立皇后，皇后便是六宫之主，慎夫人是妾，怎么能和皇后平起平坐呢？如果陛下宠爱慎夫人，可赏赐其他的东西，千万不要由着她的性子骄恣妄为，前车之鉴历历在目，‘人彘’之事难道远吗？”

袁盎的话一出口，不仅汉文帝熄了“心怒”，连慎夫人听说后，也觉得错怪了好人，特取出黄金五十两赐送给袁盎。

3. 千金之子坐不垂堂

一次到外面出游，当走到一段高低不平极其险峻的山坡路段时，汉文帝心疼袁盎，便叫他上车，但袁盎的头摇得像拨浪鼓，死活也不肯上。汉文帝于是嘲笑道：“平时看你敢谏敢言，怎么关键时刻胆子这么小啊！”

袁盎道：“陛下，非臣不愿坐你的车，实乃不敢也。臣刚刚劝陛下不要和别人共乘一车，自己理应以身作则。”

汉文帝道：“你是说非豪俊之士不可以和寡人同坐啊！如果你都不算

豪俊之士，那放眼朝中还有谁敢当豪俊呢？”

袁盎道：“陛下谬赞了，即便臣勉强算是末流之豪士，臣还是不能上车。非但臣不能上车，还希望陛下也下车来。”

汉文帝自然要问为什么了。袁盎道：“千金之子坐不垂堂，陛下身系天下，应以天下黎民百姓为重，怎能自己轻视自己呢？现如今陛下处在崇山峻岭之间，万一不慎，有个三长两短，您如何去面对九泉之下的高祖和太后呢？”

汉文帝急道：“停车，朕还是下车吧！朕要和袁爱卿骑马比赛……”

4. 该出手时就出手

话说那个周勃自从“触怒”汉文帝提前退休后，因为他在位时，树敌过多，所以仍然有人不愿放过他，常有穷凶极恶之人去“骚扰”他和他的家人。

这弄得周勃很是紧张，“周府”每天戒备森严，连出一趟门都得披铠戴甲，保镖无数，引得鸡飞狗跳是常事。痛恨他的人眼看要想来暗的是没什么希望了，于是又来明的了，到汉文帝那里告他的状，罪名很简单明了：造反。

朗朗乾坤，清平世道，居然有人敢造反，这自然引起了汉文帝的高度重视，汉文帝二话不说，派人先将周勃打入死牢再说。

自然又是张释之负责审理这起案子。他知道周勃是无辜的，有心救周勃，但无奈自己身为主审官，如果插手有“徇私舞弊”之嫌。而此时朝中重臣见周勃身陷囹圄，生怕引火烧身，没有一个人站出来替周勃说话。

关键时刻，还是看袁盎的表现吧！他向汉文帝上疏说：“周勃当年手握大权时没有造反，现在成了一介‘布衣’，他是傻呢还是越老越糊涂呢？”

汉文帝听了面红耳赤，除了放人，别无选择。

周亚夫军纪严明

汉朝和匈奴交战多年，结果有二：第一，军队建设遭破坏，募民戍边被毁，百姓闻匈奴而丧胆，纷纷逃回中原，边疆空虚；第二，汉军无能，匈奴抢夺无数，欲壑难填，骄心日盛。战争打完后，匈奴想来边境就来边境，想抢就抢，肆无忌惮，如入无人之境。

而对刘恒而言，只要能维持现有的生活，什么都能忍受。

文帝后元二年（公元前162年），刘恒遣使者到匈奴再提和亲一事。匈奴同意和亲，汉朝每年照旧送礼物给匈奴。文帝后元三年（公元前161年），老上单于死，军臣单于继位。太监中行说紧抓良机，再次唆使匈奴。

军臣单于像他父亲一样听信中行说，公元前158年，经三年准备，军臣单于领兵六万，大举南下。匈奴兵分两路，一路直取上郡，另一路攻杀云中郡。匈奴兵一路抢掠，势不可当，长安再次告急。军臣单于准备很充分，两支军队锋锐异常，势如破竹，长安如遭地震。刘恒人到晚年，就因一个中行说，匈奴就来大扫荡，真令人头疼。

汉朝分两头部署，先在北地、句注和飞狐口（今河北省蔚县东南）三地屯军，作为第一道屏障；派河内太守周亚夫驻守细柳，祝兹侯徐属驻守棘门，刘礼驻军灞上，三个驻军点攻守相助，全面抵御匈奴。汉朝此次布军，调出了一位大将。这位大将，只用他一将能胜十将。

匈奴军又稳又紧，如李广的弦上之箭，其势欲发。汉朝急急调兵遣将，忙得满头大汗。刘恒亲往灞上、棘门和细柳三地犒劳军士。刘邦年老仍旧四处征讨，他的儿子年老了也同样四处犒劳军士，可见大汉初建，力量不足以骇人。大汉如个孩子，正在长身体，还未成年，没有力量。

周亚夫画像

刘恒到灞上和棘门时，兵将们热烈欢迎，气氛非常活跃，犹如小孩子玩游戏，刘恒的随同很高兴。刘恒和随行人员，想干什么就干什么，想到哪里就到哪里，随意而为，毫无阻碍。行到细柳，守门军士竟然阻挠，不让进入。皇帝御驾犒劳，军士堵门，这不是造反吗？犒劳人员脸有忧色。

驻守细柳的将军是周亚夫，周勃的次子。周勃死后，长子周胜之继承侯爵。然而，周胜之和公主关系不好，不久又杀人，爵位被削。周亚夫军营不让皇帝进入，刘恒的随同人员都怀疑周亚夫怨恨刘恒，欲造反报仇。刘恒的随同人员想到此处，见细柳营军威凛凛，不似灞上和棘门，不禁心里害怕。

此前，周亚夫曾在河内当郡守。一次，算命的送周亚夫三句话：你三年后将被封侯；封侯八年后升为将相，掌握国家大权，尊贵无极，仁臣无二；拜相九年后，必遭饿死。周亚夫听后，大笑一声，说：“我哥哥已经继承父亲的侯爵了，就算他死了，也是他儿子继承侯爵，怎么会轮到我？再说，既然我尊贵无极，怎么又会饿死？”算命人指着周亚夫的嘴，说他嘴纹是竖纹，那是饿死的纹理。

豪爽的周亚夫不信算命人之言，没将此话放在心上。三年后，周胜之爵位被削，刘恒顾念周勃之功，命周亚夫继承侯爵。相士说周亚夫三年后封侯，三年后周亚夫果然被封侯，让人不禁对相士之言深感隐忧。周亚夫一介武夫，不会舞文弄墨，更不通术数之说，便没将相士之言放在心上。

刘恒此次犒劳军士受阻，这个军营就由周亚夫管理。刘恒的先遣使臣被挡在军营外，先遣使臣说天子来了，守门军士笔挺而立，威严地回说："军中只知道有将军的命令，不接受天子的诏令。"刘恒来到，只见兵将肩披铠甲，身佩兵器，持弓搭箭，军容甚是威武，凛凛生风。刘恒派人持节前去告知周亚夫，说皇上过来犒军，周亚夫才命人打开军门。刘恒一行欲策马而人，守门军士立即说："将军规定，军中不能骑马奔驰。"军士各守其位，肃然而立，甚是严整，刘恒按辔徐走，眼睛不离石像般的军士。周亚夫迎见刘恒，只作揖，不跪拜，说："穿甲戴盔，不便下跪，以军礼代替。"刘恒当即换上严肃的面容，俯身凭轼，以表敬意。

当刘恒走出军营，众随从都为周亚夫捏了把汗。刘恒出营，展眼四眺，仿佛在看大汉的明天，欣然说："哎哟，这才是真正的将军！灞上、棘门就像儿戏，他们的将军不被俘虏才怪。像周亚夫这样的将军，有谁能够侵犯！"巡视周亚夫的军营后，刘恒才知道什么是将军，什么是军队，就像刘邦看了叔孙通的朝礼后，才知道皇位之尊贵。

汉朝大举发兵，密布兵将，气势吓人。待汉军靠近边塞，匈奴又引兵远去。匈奴地寡人少，从军队数量来看，势力一年不如一年。大汉地广人多，经几年恢复，人才开始涌现，如贾谊、晁错和周亚夫等人。胳膊扭不过大腿，就长远而言，屈辱的和亲政策不会持续。

匈奴兵远去后，刘恒也死了。刘恒第一次见到真正的将军，他却没能看到将军立功。总结刘恒一生，他对百姓有恩，但没功。他是大汉朝廷的恩人，但不是功人。刘恒是位文弱的皇帝，很仁厚。

文帝后元七年（公元前157年），六月，刘恒薨。

刘恒留下遗言：关于丧事，一切从俭，不要浪费；关于后世，去找周亚夫。刘恒留武将周亚夫给刘启，刘启还有智囊晁错，一武一文，将开启他的时代。

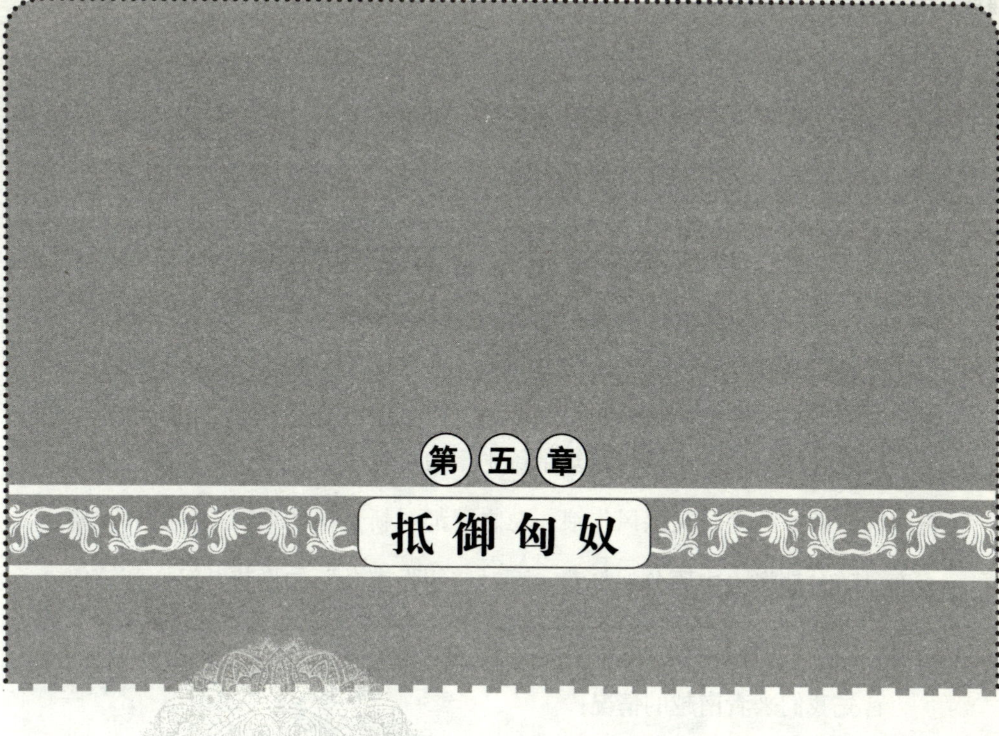

第五章 抵御匈奴

如果没有智慧的作用，一分力量只有一分的效果；如果加上智慧的力量，那么收获的就会更多了。只有智勇合一，有胆有识，才能笑傲群雄。在对待匈奴的问题上，汉文帝没有选择强攻，而是听取忠臣的意见，以智取胜。

陆贾劝南越称臣

汉文帝即位后，不仅内政复杂辣手，边事也十分严峻，北面的匈奴虎视眈眈，南方的南越又兴风作浪，总之，都对新上任的刘恒持怀疑和观望态度，随时都想去中原分一杯羹。面对“胡强南劲”的形势，汉文帝该何去何从呢？

首先我们来看南越的情况：

南越国的发展史：公元前221年，秦始皇统一六国之后，开始着手平定岭南地区的百越之地。公元前219年，秦始皇任命屠睢为主将、赵佗为副将率领五十万大军平定岭南，屠睢因为滥杀无辜，引起当地人的顽强反抗，被当地人杀死。秦始皇重新任命任嚣为主将，经过四年努力，终于在公元前214年完成平定岭南的大业。秦始皇接着在岭南设立了南海郡、桂林郡、象郡三郡，任嚣被委任为南海郡尉。南海郡下设博罗、龙川、番禺、揭阳四县，赵佗被委任为龙川县令。

公元前208年，南海郡尉任嚣病重，他临死前把时任龙川县令的赵佗招来，向他阐述了依靠南海郡傍山靠海、有险可据的有利地形来建立国家，以抵抗中原各起义军队的侵犯；并当即向赵佗颁布任命文书，让赵佗代行南海郡尉的职务。不久，任嚣病亡，赵佗向岭南各关口的军队传达了据险防守的指令，防止中原的起义军进犯，并借机杀了秦朝安置在南海郡的官吏们，换上自己的亲信。公元前206年，秦朝灭亡。公元前203年，赵佗起兵兼并桂林郡和象郡，在岭南地区建立南越国，自称“南越武王”。

听说南越王宣布“独立”后，一向意气用事的刘邦并没有采取重大的军事行动，一个北方的匈奴已经把他折腾得够呛，白登山之围让他心有余悸。权衡再三，刘邦最终决定采取“怀柔”的政策来对付南越。

于是一个叫陆贾的人浮出了历史水面。陆贾想必大家并不陌生，在诛吕行动中，他的积极游说起到了至关重要的作用。陆贾原本是楚国人，能言善辩，且又才华横溢。随着刘邦对孙叔通等儒生的重用，陆贾也很快浮出水面。

高帝十一年（公元前196年），刘邦派陆贾到南越和赵佗进行了双边问题的第一次会晤。

当时赵佗称霸一方，要风得风，要雨得雨，日子过得像神仙。会晤时，他跷起二郎腿，对大汉的使臣态度很不友好。

“陛下是中原人吧？”陆贾不动声色地问。

“喏。”赵佗漫不经心地答道。

“陛下的老家真定真是好啊！山美水美人更美……”陆贾开始下套了。

“那是。”赵佗得意地笑起来。

“陛下离开故土多少年了？”陆贾接着问。

“二十多年了。”赵佗轻叹了一声。

“陛下想故里吗？”陆贾第三问出炉。

这个问题赵佗没有回答，陆贾的话引起了他强烈的思乡之情，于是他收起了狂妄姿态，对陆贾的态度马上有了“质”的转变，并请陆贾坐、上坐、上上坐。

“上上座”的陆贾随后进行了他的个人表演。他直接教会了赵佗几个关键词：

1. 不忠不孝、大逆不道

陛下世世代代都是生活在中原的，你的亲戚朋友都在那里，那里才是你的根。如今竟背叛父母之邦，忘记骨肉之情，抛弃祖辈们的华夏衣冠，想对抗大汉天子而成为父母之邦的敌人，这是不忠不孝、大逆不道啊！

2. 顺我者昌、逆我者亡

汉朝听说你在南越自立为王，本来要发兵征伐，但不愿连累百姓，伤及无辜，特令我送来南越王印，正式立你为南越王。如果大王愿意接受皇上的诏封，就应用臣下的礼节来迎接皇上的诏书，如此你做一方大王成一番伟业何乐而不为？如果大王拒绝皇上的美意，后果是自作孽不可活，皇上一定先掘了你的祖坟，灭你宗族，再派大军来踏平你南越。

陆贾句句有声、字字有力，敲在赵佗那根最敏感最脆弱的神经上。最终他低下了高昂的头颅，在歉意中接过了南越王印，并且信誓旦旦地表示和汉朝永结同心，永不背叛。

至此，陆贾第一次出山，初试牛刀，凭着一张利嘴不但取得了圆满成功，而且还得到了赵佗和刘邦的双重嘉奖。赵佗送给他无数金银珠宝，刘邦见他不动一兵一卒搞定南越，封他做了太中大夫，真可谓名利双收啊！

吕雉临朝称制，落得个天怒人怨。吕氏家族被诛，遗留下一个大大的烂摊子，这个烂摊子就是南越。吕雉限制与南越贸易，南越王赵佗一怒之下自称为帝，与大汉分庭抗礼。

刘恒登基后，展眼南望，赵佗称帝的事实像一枚铁钉嵌在大汉的版图上，让他心生不安。天无二日，地上不能有两个皇帝。刘恒进入未央宫，因几个侍卫以保护皇帝之名横戟相拦，就下令诛杀刘盈的儿子。对待亲人如此，对待赵佗就更不能妥协。

汉文帝元年（公元前179年），文帝派遣陆贾出使南越，说服南越王赵佗与汉通好。

汉、越两族之间很早就有密切联系，彼此友好交往，互相贸易。我国古代的越族分布广泛。在今浙江、福建一带称为东越，在今广东、广西一带叫南越。当时汉族的生产工具和生产技术传入越南，对他们的经济发展起了很大作用。

秦始皇统一中国后，在南越设置了桂林、南海、象郡三个郡，并从内地迁徙人口与越人杂居。

刘邦称帝后，感到天下刚刚平定，军队已很疲惫，需要休整，暂时放弃了攻打南越的打算。高帝十一年（公元前196年），刘邦封赵佗为南越王，并派陆贾出使南越。

吕后执政时，为防南越强大，下令禁止卖铁农具给南越，马、牛、羊要卖，也只能卖雄性的，不能卖雌性的。赵佗对此非常愤怒，他误认为这是长沙王刘发想要兼并南越的阴谋，由此与汉朝闹翻。高后五年（公元前183年），赵佗自立为南越武帝，并且发兵攻打长沙王国，攻取数县后还兵。高后七年（公元前181年），南越再次攻打长沙王国，汉朝派兵反击，正赶上暑疫，汉兵损耗很大。一年后，吕后去世，文帝继位，立刻命令撤军。赵佗挟此兵威并力以利诱，使闽越、西瓯等国臣服，控制了东西万余里的广大地区，自封皇帝，与汉王朝分庭抗礼。

因汉文帝刚刚继位，无力伐南越，只好继续采取高祖时奉行的怀柔政策：先是为赵氏家族在真定的坟墓设置守邑，年年供奉，按时祭祀，并命赵佗的堂兄弟做大官，赏赐给他大量的财物。

不久，文帝又派遣陆贾第二次出使南越国，并修书说："朕是高皇帝侧室所生之子，被高皇帝安排在外地，在北方代地做藩王。只因为路途遥远，加上朕眼界不开阔，所以那时没有与您通信问候。孝惠帝辞世后，高

冯唐谏用将之道

汉文帝十四年（公元前166年）冬季，匈奴老上单于的十四万骑兵攻入朝那县和萧关，北地郡都尉孙印被杀，匈奴人掳掠了很多汉朝百姓和牲畜财产。匈奴骑兵随后又到达彭阳县境，并派一支骑兵深入腹地烧了回中宫，侦察骑兵一直到了雍地的甘泉宫。文帝任命中尉周舍、郎中令张武为将军，在长安附近驻扎了一千辆战车、十万骑兵，以防御匈奴进攻。文帝又任命昌侯卢卿为上郡将军，宁侯魏遫为北地将军，隆虑侯周灶为陇西将军，在各战略要地屯守。文帝亲自去慰劳军队，操演军队，奖赏将士，颁布训令，准备亲自统兵去征伐匈奴。群臣加以劝阻，文帝不听，最后皇太后坚决阻止，他的这个念头才打消。于是文帝任命东阳侯张相如为大将军，成侯董赤、内史栾布都为将军，与匈奴作战。匈奴单于在关内活动了一个多月后，才撤退出塞。汉军将匈奴撵出关外以后，就撤兵回境，未能杀伤匈奴。

文帝乘辇车经过中郎的官邸，问郎署长冯唐说："您的老家是哪儿啊？"冯唐回答说："我的祖父是赵国人，父亲时迁居代国。"文帝说："我在代国生活时，我的尚食监高袪多次称赞当年赵国将军李齐的才能及他与秦兵的巨鹿之战。现在，我吃饭时，总想着这个巨鹿之战。老人家您知道吗？"冯唐回答说："廉颇、李牧为将带兵的本领胜过李齐。"文帝拍着大腿说："唉！廉颇、李牧那样的人才难得呀！假如这样的将领为我所用，我难道还担忧匈奴的入侵吗？”冯唐说：“陛下即使得到了廉颇、李牧，他们也不会被重用。”

文帝大怒，起身回宫中，过了许久，想起此事，召见冯唐，责备他说：“您为什么要侮辱我，而且还是当着那么多人的面！”冯唐谢罪说：“我是个粗鄙之人，不懂得忌讳。”文帝正在担忧匈奴的入侵问题，于是又问冯唐：“我不能任用廉颇和李牧，您是怎么知道的？”冯唐回答说：“我听说上古明君派遣将军出征时，推着将军的车辆前行，而且说：‘由我处理国门之内的事，国门以外的事情，请将军裁决。’将军可以在外决定军功、封爵、奖赏一切事务，回国后再奏报。我的祖父说，李牧为赵将，驻守边境时，把从军中交易市场上收得的税收，都自行用于犒劳将士，这样在外的将帅就可决定赏赐，不需要得到朝廷的批准。赵国对他委以重任而责令他必须取得成功，他消灭澹林，在西方，强大的秦国得到了抑制，在南方抵御了韩国和魏国，当时，赵国几乎成为七雄之霸。后来，恰逢赵王迁继位，听信小人的谗言，李牧遭到诛杀，由颜聚代李牧统兵，正因为如此，赵国军队溃败将士逃散，落得被秦军消灭的下场。现在我私下听说魏尚担任云中郡郡守，他把交易市场所得的税收全都用来犒劳士卒，自己的官俸钱也经常用于宰牛杀羊，宴请宾客、军吏和幕僚属官，因此，匈奴不敢接近云中边塞，远远地躲避开。匈奴曾经入侵一次，魏尚率领车骑部队出击，大败匈奴军队。我认为陛下的惩罚太重而赏赐太轻了。那些士兵都是平民百姓的子弟，被征发从军的都是从田间来的，怎能知道‘尺籍’‘伍符’之类的军令军规？他们整日拼死战斗，捕获俘虏，斩敌首级，在向幕府呈报战果军功时，只要一个字有出入，那些官员就引用军法来惩治他们，就连应得到的赏赐也被取消了，平时，他们还必须执行那些官吏奉行的法令。云中郡守魏尚因为上报斩杀敌军首级的数量差了几

个，陛下就把他交给官吏治罪，他的爵位就被削去，并且被判罚了一年的徒刑。由此说来，陛下即便得到廉颇、李牧，也不能任用啊！”冯唐的批评，文帝欣然接受。当天就令冯唐持皇帝信节去赦免魏尚，重新任命他做云中郡守，并任命冯唐为车骑都尉。

汉文帝后元六年（公元前158年）冬季，匈奴三万骑兵入侵上郡，三万骑兵入侵云中郡，很多汉民惨遭杀害，报警的烽火一直传到甘泉和长安城，中大夫令免为屯守飞狐的车骑将军；任命原楚相苏意为将军，屯守句注；命将军张武屯守北地郡；周亚夫被任命为河内郡守大将，驻扎在细柳；命宗正刘礼为将军，驻扎在霸上；命祝兹侯徐厉为将军，驻扎在棘门，以防备匈奴。文帝亲自犒劳将士，到达驻扎霸上和棘门的军营时，文帝一行人直接驰马进入营垒，将帅和他的部属都骑着马迎接文帝。接着文帝到细柳的军营慰问，只见将士们身披铠甲，张满弓弩，手执锋利的武器，文帝的先导队伍也不能进入军营。先导说：“皇上很快就要到了！”把守军门的都尉说：“将军下令说，军中不听天子的诏令，只听将军的命令。”过了一会儿，文帝到，同样被拦在了军营之外。于是文帝便派使者持节诏告将军：“朕想慰劳军队，所以要进入军营。”周亚夫才传达军令说：“打开军营大门。”守卫军营大门的军官说：“将军规定说，在军营中骑马是不允许的。”文帝一行人便拉着马缰绳缓慢地前行。来到军营中，周亚夫身佩兵器对着文帝拱手作揖说：“请允许我以军礼参见陛下，因为我身穿盔甲不便下拜。”文帝为之感动，表情庄重肃穆，手扶车前的横木，向军营将士致意，并派人把赞许之意传给了周亚夫。劳军的仪式完成后文帝离去，当文帝走出营门时，群臣都表示惊讶。文帝说：“周亚夫才是真正的将军呢！霸上和棘门的军队，只是如同儿戏罢了，使敌人很容易就能袭击和俘虏我们的将军。至于周亚夫，谁能侵犯他呢？”文帝对周亚夫称赞了许久。一个多月过去了，汉军到达边境，匈奴远远地离开了边界，汉军也撤军回来。于是，周亚夫被文帝任命为中尉。

匈奴连年入侵边境，杀害、掳掠了许多百姓及其牲畜财产，受害最深的是辽东郡和云中郡，受害人数每郡多达一万余人。此事令文帝很担忧，就派使臣给匈奴送去书信，匈奴单于也派一位当户来汉廷答谢，匈奴与汉又恢复了和亲关系。

文帝刘恒御匈奴

未央宫中花月夕，歌舞称觞天咫尺。
从来所恃独君王，一日谗兴谁为直？
咫尺之天今万里，空在长安一城里。
春风时送箫韶声，独掩罗巾泪如洗。
泪如洗兮天不知，此生再见应无期，
不如南粤匈奴使，航海梯山有到时！

这首《长门怨》，是南宋大诗人陆游所作，表达了和亲女子对中原君王的思念与怨嗔。每次和亲，都有人作为陪嫁品，随和亲女子前往匈奴。从娄敬提出和亲之策起，不知道有多少人作为陪嫁品前往匈奴。陪嫁之人背井离乡，也有不愿意的，但无能为力。

在文帝期间，出现了一位报复心极重的陪嫁品——中行说。

文帝六年（公元前174年），长安的桃花、李花竟然在十月绽放。古人相信，天现异相，必有大事。接着，骄横乖戾的淮南王刘长造反，死在贬谪途中，刘恒悲痛伤怀。刘长绝食而死的伤心事还耿耿在胸，冒顿突然写了封信给刘恒：

匈奴单于冒顿说："前些时候，皇帝谈到和亲的事，与书信的意思一致，双方都很满意。汉朝边境官员冲撞、侮辱了我们的右贤王，右贤王气恼之下来向我请示，我听从了后义卢侯难支等人的意见，与汉朝的官吏互相敌对，并使得你我之间的和好盟约断绝，兄弟之国情谊也大受损伤，为此我惩罚右贤王，命令他攻击月氏国。由于苍天降福保佑，加上战马强健、将士精良，现在月氏国已被我消灭，其部众或杀或降，月氏已被我征服；乌孙、呼揭、楼兰等国及其附近的二十六国都已经归顺了我匈奴，现在北方所有游牧民族都已合并统一了。我愿意平息战事，休息士卒，安定居民，牧养马匹，消除以前的仇恨和战争，恢复原来被断绝的结好盟约，以使双方边境的民众安定。如果皇帝您不想我们匈奴靠近汉边境居住，我会诏令匈奴的官民远离汉边界。"汉文帝复信说："单于深明大义，对这件事朕表示高度的赞赏。汉与匈奴相约为兄弟，所以我们送给匈奴的东西很多而且很贵。违背盟约、离间兄弟情谊的事情，尽管多发生在你们匈奴一方，右贤王之事也是事出有因，单于也就不必过分责备他了！单于如果能按来信所说的去做，明确告知大小部属官员，使他们不再违反和约，遵守信用，这就算是遵守了单于您信上的约定了。"

稍有政治常识的人都知道，冒顿这封信表面要求交好，实质是威胁。他平定北方，势力大增，可能效仿南越王，突然在北方称帝。他这封简简单单的信，确实棘手，刘恒召朝臣商议对策。此时的大汉朝廷，真是朝中无人，军中无将，全体同意和亲。朝臣的理由是：匈奴刚统一北方，锐气当头，就算汉朝赢了，那片盐碱地也不好。

刘恒不喜欢打仗，朝臣倡议和亲，正中下怀。如果贾谊在朝，必定大发出兵的宏论。曲高和寡，庸人容不下才人，才人又要遭遇郁闷悲愤的打击，苍鹰落水，只能淡然地低头，闭眼等死，如果勉强挣扎，只会让后人徒增伤悲。

其后不久，冒顿死去，他的儿子稽粥继位，被称为老上单于。为了两国继续和好，文帝又把一位宗室的女儿翁主嫁给他做阏氏，并派宦官燕人中行说去辅佐翁主。中行说不想去匈奴，汉朝廷逼迫他去。中行说恼怒地说："如果一定要让我去，我就一定会使汉朝深受匈奴的祸害！"中行说到匈奴以后，就归顺了单于，单于很宠信他。这就为汉匈失和埋下了隐患。

当初，匈奴人非常喜欢汉朝的缯帛丝锦和食品。中行说劝单于说："匈奴的人口，与汉朝人口相比差之甚远，然而能强大起来，原因在于匈奴人的衣着、饮食习惯与汉朝不相同，而不必依赖汉朝。现在，单于您改变习俗，喜爱汉朝的东西，汉朝只要拿出不到它所有东西的十分之二，就会把匈奴人都收买过去。"他把所得的汉朝的丝绸衣裳，叫人穿在身上冲过草丛和荆棘地，结果衣服裤子都被撕裂扯烂，以显示它不如匈奴人所穿的兽皮结实实用；又把所得的汉朝的食物都扔掉，以显示它不如乳酪便利和味美可口。中行说还教单于的左右侍从学习文字，凡是匈奴送给汉朝的书信木札以及书信木札上的印封，其规格都增长加宽，并使用傲慢不逊的言辞，自称是"天地所生的，日月所置的匈奴大单于"。

汉朝使者有人讥笑匈奴是不讲礼义的民族，中行说就驳斥汉朝使者说："匈奴的习俗律法容易实行，君臣之间坦诚相见，可维持长久。一国的政务会，就像一个人的身体那样容易控制协调，而且必定拥立宗族的子孙为首领。现在中原虽自称是礼仪之邦，但同姓之间相互仇杀争夺，以至于改姓，都是由于这个原因。希望你们不要多说了，汉朝送给匈奴的好米酒曲、缯帛丝绵，只要数量足够、质量好就行了，你们这些居住于中土的人，何必多说话呢？而且，你们所给的东西，如果数量足、质量好，就算了；如果数量不足、质量低劣，那么等到秋天庄稼成熟时，我们匈奴的铁骑就会去践踏你们的庄稼！”

晁错的救国之道

中行说的到来使得匈奴人一改原来的“颓废”面貌后，稽粥对中行说越来越器重，最后发展到了言听计从的地步，在中行说的劝说下，多次对汉朝边境进行了“打草谷”。

文帝十一年（公元前169年）十一月，稽粥入侵狄道，对大汉进行了赤裸裸的“骚扰”，抢走许多人畜。文帝以“言然无信，不知其可也”对稽粥进行责问和劝说，但效果等于零。此时的稽粥根本就不吃这一套，在边境上这里转转，那里游游，东边抢抢，西边烧烧……总之，边境上常常是“烽火连三月，家书抵万金”。

战不是，不战也不是，汉文帝面对上任以来最头疼的外交问题，烦恼之时，他便这样吟道：“何以解忧？何以解忧？”

他话音未毕，一人答曰：“何以解忧，唯有晁错。”

继贾谊之后，大汉又有一位能人横空出世，他就是晁错。贾谊是刘恒的智囊，晁错是太子刘启的智囊。他两父子都好智囊，但两位智囊都因他父子而死。“文景之治”如一园子的鲜花，贾谊和晁错就如两株参天大树。这两株大树粗壮挺拔，一株招展儒家风范，正气浩然；另一株延续法家刚正，凛不可犯。

晁错是颍川人（今河南省禹县），为人严峻、刚直、苛刻。一句话，他有法家代表所要求的品行。他曾经在张恢门下学习申不害和商鞅的思想，文章博学，任太常掌故。晁错的性格和学识预示了他今后的命运，他是政治上的强硬派，愿为理想牺牲自我。

晁错为人很有才学，在宫中先做太常掌故，后提升为太子舍人，深得太子刘启的器重，刘启赐其“智囊”绰号。晁错师从伏生。伏生乃是秦朝博士，在秦始皇“焚书坑儒”的时候，他幸运地成了漏网之鱼，非但在乱世中苟活了下来，而且还把一本旷世奇书《尚书》，成功地保存了下来。

文帝即位后，下诏征求留下来的经书，唯独《尚书》找不到，后来听说颍川伏生用《尚书》教齐、鲁两地的儒生，就派晁错前去学习。

未料此时伏生年事已高，头发花白倒也罢，可嘴里的牙齿也不争气，今天掉一颗明天掉一颗掉得差不多了，牙齿掉光了倒也罢了，可说话“风来风去”，瓮声瓮气，如同念梵语。因此，伏生每次讲授时，晁错洗耳恭听，竖耳静听，侧耳细听，听来听去，听到最后，每每照读，只听得清伏生讲一个“错”字。

好在那时晁错凭着自己英俊的外表，才三五日便和伏生的女儿羲娥对上了眼。后来伏生讲课时，羲娥主动充当晁错的翻译官，逐字逐句地进行翻译，晁错很快就领悟到了其中奥秘，最终满载而归，不负汉文帝的期待。

汉文帝十一年（公元前169年），匈奴发兵侵扰汉朝北部边境狄道一带，给边境汉人带来巨大的人身伤害和财产损失。太子家令颍川人晁错上

晁错画像

疏文帝说：“《兵法》说：‘有战无不胜的将军，没有战无不胜的民众。’由此来看，安定边境，保邦定国，关键在于良将的选择，因此一定要慎重行事。

“臣又听说，在战场上与敌人交锋，有三件事情最为重要：一是武器精良，二是士兵训练有素，三是占据有利地形。按照《兵法》：步兵、车骑兵、弓弩、长戟、矛铤、剑盾等不同的兵种和武器，适合不同的地方作战。如果战场地形不适于发挥手队和武器的长处，十个士兵抵不上一个士兵的情况就可能出现。士兵不经过挑选，军队缺乏训练，起居管理混乱，动静不一致，胜不能进、退不能守，士兵不能听令行军，这是不训练军队的错误。这样的军队，人数虽多却不中用。兵器不齐备不锋利，与空手作战一样，难以快速制敌；盔甲不坚固，与脱衣露体一样；弩箭射不远，与短兵器一样；目标不能被射中，射中标却不能深入，就像没有箭头一样，与没有箭没有区别。这是由于将领不检查武器装备造成的，这样的军队，也难有什么大用。所以《兵法》说：‘器械不锋利，是把士卒奉送给敌人；士卒不听号令，是把将领奉送给敌人；将领不懂兵法，是把他的君主奉送给敌人；君主不精心选择将领，是把国家奉送给敌人。’这四种情况，决定用兵的成败。

“臣又听说：在用兵时，应按照双方国家大小、强弱和战场地形的不同，选择不尽相同的作战策略。选择侍奉大国，这是小国应采取的措施；如果与敌方旗鼓相当，就应联合其他小国对敌作战；中原王朝应该采取的战略是利用蛮夷去进攻蛮夷部族。和匈奴作战情形与在中原作战大不相同：在山间河流行走，中原的马匹比不过匈奴；在危险的道路上，边策马奔驰边射击，匈奴的骑射技术胜过中原；不畏风雨疲劳，不怕饥渴，中原将士比不过匈奴人。这是匈奴的优势。如果到了平原，在地势平缓的地方，形势就会好转，匈奴的军队就容易被使用轻车、骁勇精锐的汉军打乱；汉军使用强劲的弓弩和长戟，箭可以射得很远，长戟也能远距离杀敌，持小弓的匈奴就无法与我军抗衡；汉军身穿坚实的铠甲，手持锋利的武器，长短兵器配合使用，弓箭手适时出击，士兵按什伍编制统一进攻，匈奴军队就无法抵挡我军的进攻；聚集勇敢强健的弓箭手，以特制的好箭射向同一个目标，匈奴用木材和皮革制成的防御武器就全不起作用；在平地作战，剑戟交锋，近身搏斗，匈奴人的脚力就不如汉军。这是中原的军事优势。由此来看，匈奴优势有三，汉军优势却有五。加之陛下动用了数十万军队，去攻打只有数万军队的匈奴，从数量角度看，这是以十击一的战术。

“尽管如此，战争总是万分凶险之事。由大变小，由强变弱，很快就会实现。用人的生死去决胜负，失利就难以重振国威，就会追悔莫及。英明的君主在决策时，应确保万无一失。现在来归降朝廷的胡人一义渠、蛮夷等，部众达数千人，他们有与匈奴一样的饮食习惯和善于骑射的特长。可以赐给他们精良的武器和充足的粮食，加上边境各郡的精锐骑兵，再起用通晓兵法、能把蛮夷部族的人心笼络到一起的将领，以陛下明确的约定统率他们。如果遇到险阻，就发挥这些人能够冲锋陷阵的优势；在宽阔的平野，敌人就会被我们的战车、步兵制服。两支军队相互配合，优势互补，再加上以众击寡，这才是万无一失的战略。”他的意见得到文帝的赞赏。

晁错再一次上疏说：“臣听说秦起兵攻打匈奴和百越，并不是为了戍边安民，而是出于贪心，想扩大它的领土范围，所以，功业还没建立，天下就已经大乱。而且如果对敌人的虚实强弱不了解，进攻就会被敌人所瓦解，屯守就会被敌人所围困。北方严寒，南方扬、粤一带的人，生性耐热。秦朝的戍卒不服南方的水土，戍守的将士死在边境，输送给养的士兵死于路上。秦朝的百姓被征发当兵，就像被处死在刑场上一样，于是那些犯罪的人就被秦王朝发配去戍边，称‘谪戍’。先是犯罪的官吏以及赘婿和商人被征发充军，后来又扩大到曾有市籍的商人，然后又扩大到祖父母、父母经过商的人，最后居住在闾左、按规定不负担兵役的人也都被迫去当兵。被强迫当兵的人都心怀怨恨，他们去戍边就等于去送死，朝廷却没有丝毫报偿给那些死于战场的人，他们的家属得不到国家任何回报，天下人都清楚地知道秦的暴政祸及自己。陈胜前去戍边，中途起义，倡导天下人反秦。他的主张得到天下人的响应，如同洪水势不可当，这是秦以威势强制征兵的恶果。

匈奴人不是依靠土地获得衣食来源，因此经常骚扰我国的边疆，这是匈奴人的谋生之业，却使中原汉人离开了农田。现在，匈奴人经常在边界一带打猎、放牧，偷偷察看汉军守边士兵的状况，发现汉军人少，就会入侵。如果陛下不发兵救援，边境老百姓的失望情绪就会产生，最终导致归附匈奴；如果陛下发兵救援，发兵太少就不起作用，多发援兵，从远方各县来的援兵刚刚到达，匈奴军队又已撤走了。不撤走聚集在边境的大量军队，军费开支太大；撤走援兵，匈奴人又会乘虚而入。如此往复，那么中原地区就会受拖累，陷入贫困，百姓也就无法安居乐业了。幸得陛下对边境问题很关心，派遣将吏加强边塞防务，边境的老百姓得到了很大的恩惠，对您感恩戴德。但是现在远方的士兵驻防边塞，一年轮换一次，他们对匈奴人的本领就不能清楚地了解。因此，不如选常居人口在边境安家，从事农耕生产，防御匈奴，利用有利地势建成高城深沟；在战略要地、交通要道建立规模不小于千户的城镇，城中的房屋由官府先来修建，准备农具，再招募百姓，赦免罪名，赏给爵位、四季粮衣，应募者全家的赋税劳役都免除，直到他们能生产自给时为止。如果不给边塞民众优厚的利禄，他们就无心长期定居边塞。匈奴入侵所掠的财物有被夺回的，就把其中的一半给他们，边塞的百姓得到这样的待遇，就会互相救援帮助，同仇敌忾，与匈奴拼死搏斗。他们这样做，并不是对皇帝感恩图报，而是想使亲戚邻居得以保全。他们与那些远道而来的中原士兵相比，防御匈奴的效果要好许多。在陛下当政之时，迁徙百姓以充实边防，免除屯戍边境百姓的徭役，而边塞的居民，家人彼此保护，不再受被匈奴俘虏的苦难。陛下这样做，就会利益万代流传，得到圣明的名声，与秦的强征百姓戍边是截然不同的。”文帝采纳了晁错的建议，许多百姓被招募到边塞定居。

晁错又一次上疏说：“陛下幸好招募迁徙百姓以充实边塞，屯戍的费用大为减省，运输费用更加减少，这对百姓是很大的恩惠。下级官吏如果真能相符于陛下对百姓的恩惠，遵奉陛下的法令，善待迁徙来的应募百姓，照顾其老弱，厚待其中的壮士，争取他们的拥护而不去欺凌他们，使先来的人乐业安居而不思念自己的故乡，那么贫民就会羡慕他们，也争相去边塞了。臣听说古代明君迁徙百姓，要先看一看当地的阴阳是否调和，然后再营建集镇、修筑城池，先为百姓修筑房屋、配置器物，使百姓有房可住、有物可使。这正是百姓不留恋故乡而互相勉励迁往新居的原因。官府在迁徙的新居住区设置巫神、医生，为百姓医治疾病，主持祭祀。百姓得以男女婚配，繁衍生息，彼此照顾生老病死，栽种树木，喂养六畜，屋房完好。让百姓乐于长期定居此地正是这样做的目的。

“臣又听说古代明君为了防御敌人入侵，在沿边境的各县创设如下建制：使每五家为一伍，设置伍长；每十个伍的民户为一里，里设置假士；每四里为一连，连有假五百；每十连为一邑，邑设置假侯，都选择邑中贤才、有能力、了解民心、熟悉地形的人担任这些职务，安居本地就教民众学习射箭用兵之法，出临边境就教民众学习如何防御敌人的进攻。所以军事编制形成于平时的百姓之中，军事政令就能在战场有效地发挥作用。百姓训练有素，随便迁移是不允许的，年幼时一同玩耍，成年后一同共事。这样夜间战斗，通过声音就可彼此辨认，就能够相互救援；白天作战，只要看见，就足以相互识别。他们能生死与共是出于友爱之心，在此基础上，朝廷再施以厚赏、重罚，百姓就会勇往直前、前仆后继。所迁徙的百姓一定要强壮有力的人，这样才不会虚耗衣服粮食，才可用于充实边防；百姓强壮有力，同时也需要好官治理，这样才有功效。

“与匈奴和亲的事被陛下拒绝了，我私下估计他们冬季会向南进犯。如果边境得到巩固治理，就可以重创匈奴，他们就再也振作不起来了。如果想树立汉朝廷的威势，就应该在秋季匈奴刚发兵入侵时给以痛击，假若不能打败匈奴的侵犯，使他们得志而去，以后就不容易降服他们了。”

汉文帝采纳了他的建议，结果困扰他的“北胡”问题迎刃而解。汉文帝成功地解决了“胡强南劲”的边境争端问题，这为汉文帝的休养生息和恢复经济发展提供了条件。

刘兴居兵败自杀

刘兴居继承了父亲刘肥富庶的七十城，加上刘襄的野心、刘章的勇猛和他本人的任劳任怨，原本可以轰轰烈烈地大干一场，身居高位，扬名后世。然而，时乖命蹇，偏逢吕氏家族专权擅势，自己又被迁入长安，封为东牟侯，受人钳制。战吕媭，最后诛杀吕产，刘章令刘兴居好生敬慕。他兄弟二人在长安起事，让刘襄领兵西进，共同诛杀吕氏，准备夺取皇位。然而，刘章勇猛过头，一举铲除了吕禄和吕产，致使长安燃不起战火。长安没有战乱，刘襄没有进兵理由，只能悻悻然领兵回国。援兵撤走，他兄弟二人势力大削，被周勃等人玩弄于股掌。首先，刘襄的皇位被刘泽等几句恶言挤入死胡同，这是一大恨事；其次，周勃允诺的赵王和梁王都被刘恒不知好歹地分给刘遂和刘揖，这又是一大恨事；最后，干等了两年，刘恒竟然削割齐国的一郡给他，封为济北王，这又是一大恨事。人生不能等待，恨事就如黑白无常，专催人命。三大恨事来过后，势力最大的刘襄仙逝，紧跟着，勇猛无敌的刘章驾鹤西追刘襄去了，留下他茕茕孑立。刘恒视他为棋子，他却不愿意当棋子，而是想要整个棋盘。刘兴居不信命，他只信自己。吕氏家族势力何等之大，手段何等毒辣，他三兄弟都能外政内扰，一举除掉。刘兴居生活在往昔的辉煌里，他相信逝去的神话终会再现。刘襄死了，刘璋也死了，刘兴居很后悔，他本应该早点起事。两位兄弟的去世对他影响很大，他不能再等了，他要起兵造反。

文帝三年（公元前177年），北方的烽火点燃了刘兴居造反的大旗。匈奴人长期休息，手痒了，右贤王南下侵扰上郡（今陕西省延安市），边疆告急。刘恒命灌婴领军八万五千，火速赶往，自己亲自前往督军，犒劳军士。此时的灌婴，既是太尉，又是丞相，他身兼两职，显贵得很。刘恒派这么重要的一位人物出征，只有一个目的：大扬神威。

自大汉建立，匈奴欺汉朝无人，屡屡犯边，汉朝百姓吞这口恶气忍了很久，都想反报。先是刘邦被围受辱，接着就是循环往复的和亲之辱，仁厚的刘恒受不了此等大辱，此次出征必报仇雪辱不可。

因为刘恒、灌婴征战在外，刘兴居觉得汉军和匈奴会打得难分难解，无法掉头护卫长安。汉军刚出长安，刘兴居即刻起兵，欲取荥阳。荥阳是通往长安的要地，刘兴居志向不小。然而，右贤王在边疆打砸抢杀一阵，见汉军兵至，如风卷残云般撤军北归。立功扬名的机会飞了，刘恒好生失望。

大军调动，虽未交战，既然匈奴撤军，汉军就说得上是胜利而归。来到太原的刘恒，论功封赏群臣。无论是否战斗，只要大军调动，胜利而回，封赏总是要有的，否则皇帝就不称职。刘恒会当好皇帝，一大秘诀就是常常封赏。君王想要朝臣以忠臣之行对待他，他就要以为君之礼对待朝臣。刘恒当皇帝，一句话，以礼对礼，朝臣效命。

身在太原的刘恒，得到刘兴居起兵造反的奏报，说他欲取荥阳。刘恒拔出利剑，匈奴跑了，剑还没入鞘，刘兴居既然造反，剑刃必然削向刘兴居。刘兴居因封赏恨刘恒，刘恒更因他三兄弟欲夺皇位而恨他三兄弟。三个死了两个，刘恒就做回好人，送刘兴居一程。

刘恒命灌婴领兵回长安，守卫皇宫；另派一支军驻守荥阳，阻遏叛军前进；最后遣柴武领军十万，直取刘兴居。刘恒只想杀匈奴，不想杀刘兴居，因为杀匈奴能立功扬名，杀刘兴居不免留下骂名。刘恒回到长安，当即布告天下：

刘兴居背德叛上，罪不容诛。济北国百姓，不论是谁，诛杀叛军有赏；曾随刘兴居起兵造反的，只要迷途知返，照赦不误。倘若怙恶不悛，大军到后，攻破城池，玉石俱焚。

布告一下，叛军当即瓦解，刘兴居自杀身亡。这是刘恒的心理战术。

刘兴居错了，他不知道刘恒统治下的天下与吕氏家族时期的天下不同。吕氏家族弄得天怒人怨，人人反对；刘恒广施德政，朝野称颂，无人有二心，怀异志。刘兴居造反，不是因为刘恒对他太薄，而是因为他仍然活在吕氏时代。

读史读到“厉王有材力，力扛鼎”这一句，总不禁想起项羽。项羽气可拔山，力能扛鼎，驰骋天下，傲视群雄，最后兵败垓下，乌江自刎。厉王，就是诛杀审食其的刘长。项羽能扛鼎，刘长也能扛鼎，两人都让人忌惮。然而，项羽拥有的是霸气，刘长暴露出来的却是乖戾之气。

刘长生得人高马大，四肢发达，他诛杀审食其一事，刘恒赦免不究，人们对他的忌惮之心自是有增无减。《汉书》记载：“薄太后及太子、诸大臣皆惮厉王。”意思是说刘恒的老母亲薄姬、刘恒的儿子刘启都忌惮刘长。皇室宗亲都忌惮刘长，朝臣和平头百姓就更加忌惮。

被刘恒赦免后，刘长回到淮南。犯杀头大罪还能平安而退，不受一点惩罚，刘长自此越发专横跋扈。像刘长这种暴力分子，全身充满激情，绝不屑于干重复的事。杀过人后，如果还杀人，多没意思。据美国心理学家马斯洛说，人的欲望是无限的，分层级的，低层级的欲望被满足后，人就想实现更高一级的欲望。最低层次的欲望是温饱，最高层级的是自我实现。自我实现就是自己完成自己，也就是想干什么就干什么。

能够自我实现的人不多，刘长也努力朝这个方向发展。刘长身为王侯，尊贵无比，世间少有他不能完成的事。如果要挑战自我，那就只有触犯国家法律。

刘长敢想，也敢干。在封地，刘长不用朝廷颁布的法律，而是自己制定。汉朝规定，封国只有行政权，没有立法权，立法权归属朝廷。刘长此举，说好听点，是跟刘恒叫板；说不好听点，就是造反。对此事，刘恒很淡定，睁一只眼闭一只眼。刘恒不管，谁也不敢管。

刘长制定法律，刘恒坐视不理，刘长似乎觉得没意思。于是，他又玩了一套只有刘恒才能享受的待遇：出入警跸。警跸就是清道戒严，只有皇帝有权享用。赵佗住黄屋，用大纛，刘恒马上派遣陆贾前往处理，不想见到两个太阳。刘长此举，似乎对天下人说，天上有两个太阳。对此事，刘恒同样淡定，还是睁一只眼闭一只眼。

刘恒默许警跸，刘长就再迈进一步：称制。称制就是以天子身份发号施令。刘长这么做，已不是向天下人说天上有两个太阳，而是向天下人证明，天上确实有两个太阳。刘恒的黄老学问很深，以不变应万变。对此事，刘恒同样睁一只眼闭一只眼。

面对淡定的刘恒，刘长没有心思再耗下去了。他直接上疏，要求自己任命官员。当时朝廷规定，两千石以上官员，如相国，必须由朝廷任命。刘长上疏言语不恭，态度不敬，要求无理，刘恒却装糊涂。周勃劳苦功高，稍有骄君之心，就差点被诛，反观之下，刘恒真的很放纵刘长。

《汉书》说刘恒难以重责刘长，让舅父薄昭写了封劝谏信给刘长。薄昭文词谦婉，态度平和，意思明确：第一，大赞刘长天资好，豪侠果敢，是位不可多得的人才；第二，举一大堆刘长任性妄为的事，例如废除朝廷法令、擅杀审食其等，劝其改过迁善；第三，追述刘邦创业之艰，劝刘长守好汉室江山，做位孝子贤孙；第四，指出刘长的不孝、不义、不顺等地方，并说古代有为安定天下而杀手足的事，以警戒刘长；第五，敦促刘长向刘恒道歉，共享手足之欢。

刘长看信后，很不高兴。

文帝六年（公元前174年），刘长和柴武的长子密谋，派七十多位强壮汉子埋伏于谷口（今陕西省礼泉县东北），准备偷袭，同时通敌南越和匈奴，欲谋大事。世间没有不透风的墙，刘恒知道此事，命人召刘长进长安。刘长胆子极大，一召就来，不称病辞行。刘长敢来，自然是觉得刘恒不会惩治他。

刘长进入长安，丞相张苍等朝臣和宗室要员都建议斩杀刘长，弃尸街头，理由是：预谋造反。

造反之罪极大，造反之祸极惨。然而，刘恒不忍心重处刘长，只将他发配四川，欲消磨掉他的乖戾之气。临行，刘恒叮嘱一路上给刘长好吃好喝，照管好。刘长坐在有帷幔的槛车里，外面的人看不到里面。车上贴有朝廷封皮，未经允许，不得擅自撕下。

刚刚送走刘长，袁盎就对刘恒说，刘长有今天，全是刘恒骄纵的结果；刘长生性刚猛，受不了打击，如果在途中死了，刘恒就要背负杀弟之名。刘恒被称为仁爱之君，害怕背负杀弟恶名，马上派人追回刘长。

坐在槛车中，刘长对他的侍从说："谁说我勇猛？我被过分骄纵溺爱，以致不知道自己的过错，才会落到今天的下场。"话说完，刘长绝食，死于槛车。

沿途护送的人不敢撕启车封，到雍郡（今陕西省凤翔县南），当地官员撕启车封，上报刘长绝食而死。刘恒很伤心，袁盎劝谏刘恒斩丞相张苍和御史冯敬以洗脱杀弟之名。

皇帝有罪，自古都由臣子担当；臣子有罪，再由比他官阶更低的人担当。由上往下，以此类推，最后斩了槛车经过处的沿途官吏，弃尸闹市，罪名是：沿途没给刘长吃好喝好，致其丧生，按理当斩。

刘恒以王侯之礼厚葬刘长，安排三十户人守冢。为了洗脱杀弟恶名，文帝八年（公元前172年），刘恒封刘长的四个儿子为侯。

虽然刘恒斩杀官吏，封赏刘长之子，民间还是说他杀了自己的弟弟。民间流传一首歌谣：一尺布，尚可缝；一斗粟，尚可舂；兄弟二人，不相容！

刘恒听后很不是滋味，他说当年尧、舜、周公等圣贤都有残杀骨肉的事，天下人称颂周公等人为圣贤。他一时疏忽，刘长绝食而死，天下人为什么抓住这个黑点不饶人？为了洗刷罪名，刘恒右迁城阳王刘喜管理淮南，追封刘长的谥号为厉王。

第六章 无为而治

老话说得好，马上可以打天下，马上不一定能治天下。高祖刘邦消灭强秦，成了楚汉之争的最后胜利者。作为高祖的继承人汉文帝刘恒该如何使国家达到长治久安是他日思夜想的问题。夫唯不争，故天下莫能与之争，刘恒深谙其道，力推无为而治，使汉朝出现了一派繁荣景象。

贾谊上《治安策》

贾谊画像

汉文帝六年（公元前174年），贾谊上疏汉文帝，建议解决诸侯割据威胁中央集权的问题。

贾谊，洛阳人，十八岁时就以博学多才、文采超群而闻名全郡。河南郡守吴公听说他才华出众，把他招到自己身边委以重任，对他十分赏识。汉文帝刚刚即位，听说河南吴公政绩非常突出，在全国名列第一，又因与李斯同乡，曾经拜李斯为老师，于是擢升吴公担任廷尉。吴公便向文帝上奏，说贾谊年少有为，精通诸子百家之书。文帝便将贾谊召入朝廷为博士。

在当时的博士中，贾谊最为年轻。每次皇帝召集博士商议事务，诸老先生不能应答的，贾谊都能对答如流，且常常道出诸生心中所想而又无法说出的意思。因此，大家都很佩服贾谊的才干。文帝大悦，将他越级提拔，不到一年就升到了太中大夫的职位。

贾谊认为汉朝已经建立二十余年了，天下太平，应当改订历法，改变车马服饰用色的制度，重新制定官职名位，鼓励礼法音乐。于是他创制了一套仪法上奏文帝，祭祀用五种供品，崇尚黄色，官职名也全部更换。文帝为了表示谦逊不肯改变制度，但各种法令的更定以及列侯各回封国等问题，都照贾谊提出的主张办了。因此，文帝提议让贾谊担任公卿职位。周勃、灌婴、张相如、冯敬等大臣一起反对，并诋毁贾谊说："那个洛阳人年纪轻轻，刚刚做学问，便想独揽大权，把各种事搞得乱七八糟。"此后，文帝渐渐疏远了贾谊，不再采纳他的建议，后来将他贬为长沙王太傅。

贾谊因为被贬而远离朝廷，情绪低沉，渡湘水时作了一篇《吊屈原赋》。屈原是楚国贤臣，遭受谗言而被放逐，因为忧愤不平而创作了《离骚》，而后投江自尽。贾谊追思伤感借凭吊屈原来比喻自己的现状。

过了一年多，文帝又想起贾谊来，将他重新召回京师。贾谊入朝拜见文帝时，文帝刚刚祭祀过天地各神，坐在未央宫前的宣室中，因为对鬼神之类的事情有所感触，便向贾谊问起鬼神本源的问题。贾谊便把鬼神的由来一一说出来，直到半夜，文帝听得入神，不知不觉中竟挪到了他的身边。事后文帝说："我已经很久未见到贾生了，自以为已超过他，而今看来还是未赶上他。"于是文帝便让贾谊做了梁怀王太傅，梁怀王是文帝的小儿子，最受宠爱，因为他爱好读书，所以让贾谊担任了他的老师。在贾谊担任太傅期间，文帝还经常把国家大事拿来向贾谊咨询意见。

文帝初年，天下太平时日不久，中央政权还不是特别稳固。从外部看，主要是匈奴正处于强盛时期，经常侵掠汉朝边境地区，从高祖刘邦到文帝时期，汉朝都没有力量抵抗匈奴在北部边境上的侵略骚扰；在汉朝内部，各项法令制度、礼仪规章还不健全，有的甚至还没有建立起来，诸侯王经常僭礼、非礼，行为处事依照天子的规格，有的甚至起兵反叛，图谋夺取帝位。在此情况下，贾谊多次上疏陈述自己的政见，最著名的就是《治安策》。

在这篇文章中，贾谊先分析了分封诸侯的弊病，认为当时是解决诸侯坐大、安定天下的大好时机，如果错过了机会，必然会导致骨肉间的自相残杀，天下重新陷入动荡混乱之中。

贾谊主张对图谋不轨、胸怀异志的诸侯王用强硬的手段。他把“仁义恩厚”比作刀刃，“权势法制”比作刀斧，把行为不轨的诸侯王比作牛身上的硬骨头，处置硬骨头只能用刀斧而不能靠刀刃，否则“不缺则断”。

贾谊提出，要“割地定制”，分割较大的诸侯国如齐、赵、楚为若干个较小的诸侯国，让齐悼惠王、赵幽王、楚元王的子孙都能分一块地为王，直到地分完为止。对地多而子孙少者，可以先立一国空着，等有了子孙之后再封。受封为诸侯王的人如果因犯罪而被废黜，将他的土地全部没收归中央，这种分封制度实施后，宗室的子孙全封为王，则天下诸侯王国再也不会起反叛之心，皇帝也不用为讨伐平定诸侯国而忧心，天下不再有动乱，国家立即就会太平，后世的人也会称颂皇上的圣明。

贾谊又进一步分析当时的局势，他说：“目前天下的形势就像是一个人得了脚肿病，只能平举不能屈伸，指头稍动就很痛，如果不及时医治，就会后患无穷，成为痼疾，以后即使有扁鹊这样的名医，也无能为力了。”

在讨论完分封制后，贾谊又以大量篇幅阐述维护“四维”，即礼义廉耻的重要性。

梁怀王刘揖去世，他没有儿子继承，贾谊再次上疏说：“从如今的趋势来看，封国不过传了一代两代，诸侯就自行其是不受朝廷的管制，如果陛下不立下制度，听之任之，他们就会一再扩张强大。到那时朝廷的法度就无法实行了。陛下可以当做屏障和皇太子所能依恃的，只有淮阳国、代国两个封国罢了。淮阳国与那些强大的诸侯国相比，仅仅像一颗痣附在脸上一样，它恰恰足以诱发大国吞并扩张的欲望，却无力对大国有所牵制。代国北部与匈奴相接，与强敌为邻，能自保就不错了。现在国家的政权在陛下您的手中，分封诸侯、建立国家，却使自己儿子的封国小得只能做被人吞并的诱饵，怎能说当初分封设计得好呢？我有个愚笨的建议，请皇帝把原属淮南国的封地全划归淮阳国，并且为梁王立继承人，把淮阳北边的两三个城和东郡划归梁国。可以把代王改封为梁王，把淮阳设成新的梁国都城。梁国封地起于新郭并且北面直达黄河，淮阳国的封地囊括了原来陈国的全境并且南部直达长江，那么就算原来已生异心的大诸侯国也会胆战心惊而不敢反叛朝廷了。梁国能够阻止齐国和赵国，淮阳国能够限制吴国和楚国，陛下可以安枕无忧，再没有对崤山以东诸侯国的忧虑了。这可使两代君主安享太平。现在天下之所以安然无事，是因为诸侯王都还年幼，几年之后，陛下就会看见诸侯王带来的危机了。秦始皇日日夜夜费尽心机来铲除六国之祸，而现在陛下牢牢地控制着天下，一举一动都能称心如意，却高拱两手安坐，造成新的六国之祸，这不能说是有智慧的人的所为。即便您终生太平无事，却留下了祸乱的根源，对这些危机早就看到了却不去解决，待您百年之后，把危机留给了老母幼子，使他们不得安宁，这样做不能说是讲仁义。”文帝于是采纳了贾谊的策略，把淮阳王刘武改封为梁王，梁国封地北以泰山为界，西到高阳，共有大的县城四十多座。又过了一年多，贾谊去世了，死时年仅三十三岁。

四年后，齐文王死了，他没有儿子。文帝想起了贾谊的建议，就把齐国分成六个小王国，让齐悼惠王的六个儿子做王。又改封淮南王刘喜为城阳王，把淮南分为三个小国，立淮南厉王刘长的三个儿子为王。又过十年，文帝死，景帝即位。景帝三年（公元前154年），吴国、楚国等七个诸侯国联合反叛，向京师进发，但先被梁王刘武所挡，最后七国之乱失败。到武帝时，淮南厉王的两个儿子衡山王刘赐和淮南王刘安谋反被杀。这些都应验了贾谊的预言。

贾谊不得志而死

《吊屈原赋》作完，屈原贾谊已经浑不可分，谁是屈原，谁是贾谊？好像贾谊生活在战国，又好像屈原生活在汉朝，就像不知道庄周是蝶，抑或蝶是庄周。后世唐人刘长卿拜访贾谊故居，同样感时伤怀，自比贾谊，写了首《长沙过贾谊宅》。

贾谊一篇伤怀文章，满纸哀愁，令人不忍卒读，只说一句话：谗臣当道，好人被贬；举世没有知己，我郁闷难受。贾谊在长沙郁郁哀伤了三年，长沙湿气重，贾谊忧伤难以排遣，外扰兼内愁，身体一天比一天差。三年后的一天，有只像猫头鹰的鸟飞入，立在他的坐席旁边。古人认为猫头鹰不祥，贾谊一腔伤怀，更认为它不祥。贾谊见此鸟，觉得不久于人世，郁郁之愁如长沙的湿气，一日比一日浓。贾谊哀伤陡增，大书悲伤之怀，写了篇《服鸟赋》。

《服鸟赋》感情真挚，言辞洒脱，表达身遭挫折，看透世事，与物遨游的心态。贾谊在辞赋中与物遨游，在现实人生中却看不透世事，执着于用尽平生所学，建功立业，这为他的死埋下了隐忧。贾谊渴望建功立业，不为名，不为利，只为施展才学。贾谊是位才痴，痴情得让人为他感到痛楚。

怪鸟飞来，贾谊给自己占了一卜。卜辞是：野鸟入室，主人将去。主人是将去，但不是去死，是去见刘恒。

刘恒没有开疆扩土的雄心壮志，只求守好祖上基业，让天下百姓温饱。贾谊在刘恒的政治生涯中，是位可有可无的人，所以，见周勃等老臣反对甚烈，就选择牺牲文人贾谊，以稳朝纲。

自古官场风云“只见新人笑，不闻旧人哭”，贾谊由中央贬到地方，大才难用，壮志难酬，心如死灰，郁郁寡欢。

怪鸟入室一年多后，贾谊深感担忧。一年多的哀伤，贾谊已是形容枯槁，满脸哀伤。

突然有一天，刘恒召他去长安。这一道诏命，就像一星火焰，竟然重燃了贾谊那已化灰烬的心。贾谊急忙奔回长安，渴望被重用。负忧伤，只剩一腔热血。刘恒却心怀神仙之志，只求成仙入道。

刘恒在宣室接见贾谊。刘恒问贾谊鬼神之事，贾谊对答如流。不知不觉夜已深，刘恒听得心神俱醉，不禁移坐席去接近贾谊。刘恒感叹，我有很久没见贾谊，自以为比他厉害，今才知道不如。贾谊心中暗问，我才高八斗，无所不通，不知是否被用。

唉，刘恒没问贾谊治国兴邦之道，却问鬼神之事，这就注定了贾谊不被重用。后世唐李商隐《贾生》论述了此事：

宣室求贤访逐臣，贾生才调更无伦。

可怜夜半虚前席，不问苍生问鬼神。

刘恒以前没有魄力起用贾谊，现在他也不想。贾谊不是刘恒的重臣，更不是大汉的社稷之臣。贾谊生活在一个君主文弱的时代，主人的池塘容不了贾谊这条蛟龙。

后刘恒任贾谊为梁怀王刘揖的太傅。梁怀王是刘恒的少子，刘恒很爱他，希望他能向贾谊多多学习。

贾谊从长安悲伤到长沙，在长沙悲伤数年。刘恒一纸诏书，他高高兴兴地来到长安，然而刘恒给他的仍然是悲伤。他在长沙是太傅，到梁国仍然是太傅，刘恒只喜欢贾谊做传道、授业、解惑的太傅。

在长沙的这四年，他的上疏又得罪了刘恒的宠臣邓通。按理说，刘恒此次召贾谊回长安，不会如此冷落贾谊。贾谊受此冷落，原因就在邓通。贾谊生活在夹缝中，最本质的是高才与俗世的夹缝，表现为周勃和邓通等人所造成的夹缝。

邓通是蜀郡南安人（今四川省乐山市），是个划船的黄头郎。黄头郎，就是头戴黄帽的人。他受到刘恒的宠幸，全因刘恒的一场神仙梦。刘恒曾梦见自己升天，但是升不上去，有人相推，助他升天，刘恒回头，只见是个将上衣束成带状系在屁股上的黄头郎。刘恒痴迷于神仙之道，醒后，在未央宫西南的苍池中找寻这人，果然见一人的穿着如他梦中所见。一问方知此人叫邓通。痴迷于神仙之道的人联想都很丰富，“邓”就是登，邓通就是登通，意味刘恒将通过邓通而成仙。从此两人形影不离。

有一次，刘恒让看相的给邓通看相，看相人说邓通会贫死。刘恒一听笑了，说：“我身为一国之君，邓通怎么会贫死？”刘恒怕邓通真的贫死，送邓通一座四川的铜矿，让邓通自己铸钱。当时朝廷允许私自造钱，刘恒这么做，相当于给邓通一个印钞厂。邓通不孚刘恒所望，他铸的“邓钱”和吴王刘濞的“吴钱”驰誉天下。

贾谊知道私自铸钱会引起违法乱纪行为，农民将不务本而重商，后患无穷。于是贾谊上疏禁止民间铸钱，结果不但刘恒没采纳，还招惹了邓通。

贾谊命途多舛，这次又栽在邓通设的夹缝里。贾谊悲伤，他悲伤地生活在一个不安且懦弱的年代。匈奴几度入边，肆意抢夺；诸侯王坐大，叛乱连连，刘长和刘兴居就是例子。贾谊才气鼓荡，自然不会坐视不理，他多次上疏陈事，其中《治安策》尤为后人推许。

贾谊辞赋写得好，政论开汉室之先，后世的好几位政论家都益于贾谊。《治安策》又称《陈政事疏》，贾谊强调“众建诸侯而少其力”，主张削弱诸侯王权力，力抗匈奴，重农抑商，倡导礼仪教化，谕教太子。贾谊觉得汉室的天下还不安稳，安稳只是表象，如果不控制住诸侯国，将来必出大事。从韩信、彭越、卢绾等人造反的事例中，贾谊总结出：实力越强，越想造反。贾谊建议刘恒对诸侯国实行分封制，将大诸侯分成小诸侯，直到依靠朝廷保护为止。

虽然贾谊给刘恒提了很多意见，但刘恒对贾谊并非言听计从，有的采纳，有的则没有。贾谊和刘恒的关系，就像卖者和买者的关系。贾谊提出鼓励自杀，鼓励诸侯王或逐臣自杀。刘恒不仅通过，还亲身实践。薄昭杀了一位汉使，被抓问罪。薄昭是刘恒的舅父，刘恒未登基前一直帮助刘恒。刘恒觉得此事棘手，既不想弄个忘恩的罪名，也不想轻易赦免薄昭。正当刘恒困难之际，贾谊的鼓励自杀恰好指了条明路。

狱中惯例，问斩前要饱吃一顿。刘恒派一位公卿去狱中看望薄昭，陪薄昭吃好的，喝好的。让薄昭吃好喝好，目的就很明显。然而，薄昭没自杀。刘恒带领朝臣穿着孝服去薄昭家大声哭丧，薄昭没招了，只好自杀。

贾谊做了太傅，不受重用，他就只能卖才。卖才，不是用才，更不是施展才华，卖才要看有没有买主。偏偏贾谊生活时代的大财主就只有一个：文弱的皇帝刘恒。

文帝十一年（公元前169年）夏，梁怀王刘揖坠马摔死。刘揖死了，贾谊觉得是老师管理失职，“常哭泣”。

一年多后，贾谊去世，年仅三十三岁。贾谊死了，那是生在夹缝中人的死法：愁苦而死，郁郁而终。

晁错上疏论农耕

文帝重视农业生产，采取了休兵养息的安民政策，使汉朝的农业生产得到很大的发展，国库也日渐丰盈。重视农耕政策是由大臣晁错首先提出的。

汉文帝十二年（公元前168年），晁错上疏对文帝说：“英明的君主在位时，百姓不会受到饥饿、寒冷的折磨。这并不是说君主能亲自耕种供给百姓食物，亲自织布供给百姓衣服，而是君主为百姓开辟了生存之道。所以尧虽然遇到九年的大涝灾，商汤虽然遇到了七年的大旱火，而全国并没有被抛弃的病饿者，其原因就在于积蓄财物多并做了充分的准备。现在海内一统，土地广阔而人口众多，这都不亚于商汤和夏禹之时，再加上没有持续几年的旱涝灾害，但蓄积却没有上古时多，原因何在？这是由于土地的余力没有被完全利用，百姓还有余力没有发挥，适合耕种的土地还没有全部被开垦，山林川泽的财富还没有全部被开发，不从事生产而消耗粮食的游民还没有全部回归农耕生产。

“严寒之时人们急需衣服，不会要求衣服要轻柔暖和；饥饿难忍急需食品时，人们不会要求食品香甜可口。饥寒临身，人们顾不得讲究廉耻。

一天吃不到两餐就会饥饿，一年不做衣服穿就会挨冻，这都是人之常情。如果饥饿却得不到食物，寒冷却得不到衣服，即便是慈母也无法保住她的儿子，君主又怎能控制得住广大百姓呢？英明的君主知道这个道理，所以引导百姓从事农桑，辛勤耕织，少征赋税，多搞蓄积，用这些方法来充实府库，防备旱涝灾害，这样才能稳定对百姓的统治。百姓的善恶，就看君主如何去引导他们；百姓追求财富，就如同水只会向下流而不会选择流动方向一样。

“珠、玉、金、银等物品，饿的时候不能拿来吃，冷的时候不能拿来穿，但是大家都把它们视为宝，原因就在于君主喜欢使用它们。这些东西轻便易带，只要拿在手里，就可以周游天下而不受饥寒之苦。这会导致臣子轻易背叛他的君主，导致百姓轻易离开故乡，又刺激了盗贼的贪欲，使逃亡者得到轻便的资财。粟、米、布、帛等物，由土地生产，依时成长投入很多人力，不是一天就可以生产出来的。重达数石的粟、米、布、帛，一个体力中等的人就已无法搬运，它们不会是盗贼想要掠夺的目标，而人们一天得不到它们，就会遭受饥寒。所以英明的君主应看重五谷而轻视金玉。

“现在一个五口的农民之家，为官府服徭役的不少于两人。能耕种的土地不过一百亩，而百亩土地的收获量不超过一百石。农民春天耕种，夏天锄草，秋天收获，冬天储藏，砍柴修缮官府房屋，服徭役，加上民间的人情礼节如吊唁死者、慰问病人、赡养父母、哺育子女等，也得从一百石的收获物中支付。农民春天不能避风尘，夏天不能避暑热，秋天不能避阴雨，冬天不能避严寒，终年劳碌没有休息的日子。如此勤劳困苦，再加上遭受旱涝灾害，官府政令严厉苛刻，赋税沉重，赋税不按规定时间征收，政令早上发出，晚上又有了变化。农民家中有资财的，以半价折卖，家中

贫穷的，只好去借双倍利息的高利贷，于是就有人卖土地房宅、妻子儿女以偿还债务。那些大商人积聚钱财发放双倍利息的高利贷，实力小的坐在市井中做买卖，依靠手中囤积的物品，每天游荡在都市之中，趁着某种物品急需，就把价格提高到两倍以上。所以商人家庭男的不去耕耘，女的不去养蚕、织布，但穿的却是华丽的绸缎，吃的是上好的米肉。商人不必遭受农民那样的辛苦，却可以得到他们那样的收获。商人依仗手中大量的钱财，与王侯显贵结交，势力超过了一般官吏，于是以财利进行倾轧。商人到千里之外旅游，车子在路上排成了首尾不能相望的队伍。他们乘坐着坚实的车子，驾驭着良马，穿着丝制的鞋子和精美的绸缎衣服。这就是商人兼并农民、农民破产流亡的原因。

“当务之急，没有比鼓励百姓从事农耕更重要的了。要想让百姓从事农耕，关键在于使全社会重视农业生产；使全社会重视农业生产，关键在于朝廷把粮食作为奖惩手段。朝廷可以招募天下百姓向官府缴纳粮食，用以购买爵位，免除罪名。这样的话，商人可以拥有爵位，农民可以得到钱财，粮食就不会被私人囤积。那些能够缴纳粮食换取爵位的人，都是有大量剩余粮食的。收取余粮供给国家使用，就可以减少对贫困百姓赋税的征收，这就是所谓‘损有余，补不足’，政令一公布就可以给百姓带来利益。现在的规定：有一匹战马的人家，可免除三人的兵役。战马，是非常重要的军事装备，所以给予免除兵役的优待。神农的教令说‘有高达十仞的石砌城墙，有宽达一百步的护城河，有一百万全副武装的士兵，但如果没有粮食，也无法守住城池。由此看来，粮食是君王的重要资本，是国家政治稳定的根本。现在规定百姓缴纳粮食得到五大夫以上的爵位，才能免除一人的兵役，这与对有战马人的优待相比较，其间差得太远了。爵位是君主所专有的，由口而出可以无穷无尽；粮食，是百姓所耕种的，生长于土地而不会匮乏。得到高等爵位和免除罪名，是天下百姓最大的愿望。让天下人输送粮食到边境地区，凭此换取爵位、免除罪名，这样不到三年时间，边塞的粮食储备就必定会很充足了。”

文帝采纳了晁错的意见，传令天下：百姓输送粮食到边境地区，依据输送粮食的多少，分别授给高低不等的爵位。

晁错又上奏说：“陛下下诏，让天下人输送粮食去边塞，并授给爵位，这是对百姓的很大恩德。我担心边塞驻军的粮食不够，所以让天下囤粮大量输入边塞地区。如果边塞囤粮足够使用五年，就可以让老百姓向内输送粮食了；如果内地郡县积粮足够使用一年以上，就可以随时下诏书，免收农民的赋税了。这样的话，陛下的恩泽遍及天下万民，百姓就会更积极地投身于农耕生产，天下就会十分富庶安乐了。”

文帝又采纳了他的建议，下诏说：“引导百姓的正确方法是让他们从事农耕生产。朕亲自率领天下百姓务农耕种，到现在已有十年了，但荒地的开垦没有增加，一年收成不好，百姓就有饥饿之色。这是因为从事农耕的人还不够，而官吏并没有重视农业发展，屡次颁下诏书，每年都鼓励百姓耕种，至今未见成效，这是官吏没有认真地执行诏令去勉励百姓，向他们解释清楚农耕生产的重要意义。况且朕的农民生活艰苦，而官吏并不担心他们、照顾他们，又怎么能勉励他们从事农业呢？今年只向农民征收税的一半。”

汉文帝十三年（公元前167年）二月，文帝下诏说：“朕亲自率领天下臣民进行农耕供应宗庙祭祀的粮食，皇后亲自采桑、养蚕以供应祭祀用的祭服。请相关部门制定有关此事的礼仪！”

力推行黄老政策

西汉政权建立后，为稳定局势，巩固政权，对异姓诸侯王的割据行为采取严厉镇压，而对百姓则实行与民休息的让步政策。功高勋著者受到赏赐，与之剖符铁书，共享富贵；谋反作乱者，天下共诛之，手下决不留情。这种一软一硬、一德一刑的两手政策，是西汉前期黄老政治的主要特点。

汉承秦制，刘邦依然推行法家主张。入关时的三章之法，建国后已满足不了形势发展需要，故令萧何以秦法为依据，重新制定汉律九章，以法治国，命韩信制定军法，以法治军。其余各项规章制度，无不体现出法家思想主张，严酷程度并不逊于秦法。但是，秦朝亡于暴政的教训，又使西汉统治者不敢重蹈覆辙，有针对性地作出让步。

惠帝二年（公元前193年），曹参继任相国，他明确提出用黄老之术治国，标榜“清静无为”“无为而治”。此时，各异姓诸侯王势力皆已相继覆灭，中央集权制得到充分加强与巩固，大规模的政治斗争已经过去，刘邦生前所制定的方针政策，刚刚开始贯彻执行，无须惠帝进行新的改革或开拓，只需谨遵遗命，按既定方针守成。一些尚健在的老臣，自秦末以来，经历20余年风风雨雨，对大规模政治斗争颇感倦意，希望在有生之年过上几天安稳日子，很乐于接受清静无为思想，并加以实践。广大百姓久遭战乱之灾，更需休养生息，希望有个宽松和平的环境，“无烦百姓”政策，自然受到拥护。另外，惠帝是位生性懦弱的皇帝，受吕后制约，凡事不能自主，采取消极主义，日以饮酒为淫乐，不听政事，与清静无为的黄老思想一拍即合。因此，上自皇帝相国，下至黎民百姓，全社会一致希望清静安定，黄老政治应运而出。此外，黄老思想还具有倡导法术的一面，与刑名思想相一致。所谓的“无为而治”，是在早已形成的特定法律制度允许范围内，任何人都须遵纪守法，维护社会正常秩序，统治者的利益不受侵害，突出法治的积极作用。对于无视法律约束，随意违法愈禁行为，必须依法予以制裁。因此，黄老政治同样具有严酷的一面，并使退让、宽松同进取、严酷融为一体，构成西汉初朗黄老政治的主要特征。

汉初，黄老政治最先倡导者是曹参，这位出身于秦朝的狱吏，在战争中成熟起来的武将，是西汉有名的开国元勋之一。在和平建设年代，又出任相国，成为治世能臣，可称为文武兼备，人才难得。汉高祖六年，刘邦以胶东等6郡73县，立年仅十几岁的刘肥为齐王，任曹参为齐相国，即将齐国托付给曹参治理。曹参虽擅长统兵打仗，战功显赫，但毕竟缺少治世经验，尚未身经实践，不谙治道，出任齐相，并非是用其所长。然而齐国“冠带衣履天下”，人杰地灵，“士多好经术”，思想活跃，百家竞进，不乏治世之才，又为曹参提供了用武条件。到任后，为了弥补自己治世乏术，曹参亲自召集齐国长老、有识之士，向他们请教如何安集百姓，把齐国治好。起初，请教了百余名儒生，所言各异，莫衷一是。后听说胶西郡有位盖公，擅长黄帝、老子之书，使人厚礼相请。盖公被请来后，向曹参讲述“治道贵清静而民自定”，反复推论类比，令曹参心悦诚服，将盖公视为高人，待为上宾，让出正堂，请盖公居住，极尽礼贤士人。自此，曹参按盖公所言，以清静无为的黄老之术治齐，依国家成法，不另行更张以扰民，百姓得以安居乐业。经过九年实践，齐国大治，社会安定，曹参被誉为贤相。

惠帝二年，相国萧何病故。曹参闻知后，立即断定自己将回朝接任相国，命属下赶紧打点行装，准备上路。不久朝廷果然派人来召其还朝。临行曹参叮嘱下任齐相，在刑狱管理与处罚上，慎勿繁苛。因为一旦穷极刑法，民无所容，久必生乱。谆谆告诫其坚守无为而治方针，是万事中的头等大事。

早在秦时，曹参与萧何同县为吏，关系密切，非常友好，后来又都成为刘邦的左膀右臂。虽然曹参战功卓著，居诸将之首，但刘邦论功行封时，以萧何“填国家，抚百姓，给饷馈，不绝粮道”，既巩固了后方，又保证了前线兵源和粮饷的补充与供给，成为战胜项羽的关键，立有万世之功，故以萧何功为第一，曹参次之。对此曹参心有不服，与萧何关系疏远，产生隔阂。但萧何能以国家为重，不计个人恩怨，临终前向惠帝表示，如能使曹参接任相国，则死而无憾，袒露出一片光明磊落之胸怀。而曹参任相国后，也能捐弃前嫌，不因人废事易行，从国家利益出发，一遵萧何所立规章制度，“举事无所变更”。在各郡国中选拔不善言辞、做事谨慎的忠厚长者，充任丞相史。对于言语尖酸刻薄，华而不实，做事专图名声者，则斥退不用，使萧何所开创的相国府更注重实际，成为表率。

曹参在相国任上，作为百官之长，掌丞天子，应是日理万机，无暇宴乐。但却日夜饮酒，无所事事，令卿大夫以下官吏及宾客见后，皆欲劝其治事。而每有来规劝者，曹参则拿出好酒相待，用酒封住来者之口。每当对方要开口时，复令其饮酒，直使其喝醉而去，终不让其开口。如此习以为常，坚持不改，属下也渐渐效仿，争相饮酒为乐，成上有好者而下必甚焉局面。相府的后花园靠近吏舍，吏卒经常聚饮歌呼，惊扰四邻不安。对此，相府里有人感到很讨厌，却又没办法制止，乃请曹参到后花园散步，让他出面干预。曹参和随行人员来到后花园后，立即听到吏卒们醉歌喧哗之声，随行人员便请曹参惩治这些吏卒。但是，曹参非但不予过问，反令随行者取酒张坐，豪饮歌呼，与吏卒隔墙应和，两厢同乐。平素间，曹参见人有小过，装着视而不见，替人掩盖。因此，府中相安无事，优哉游哉。

相国不议政治事，惠帝很不高兴，认为是欺负皇帝年轻。曹参之子曹窋为中大夫，侍从皇帝左右，惠帝令曹窋回家时，背地里找机会问曹参："高帝新弃群臣，帝富于春秋，君为相国，日饮，无所请事，何以忧天下？"还嘱咐曹窋不要说出是皇帝让问他。接着，曹窋回家后，便用皇帝的话劝谏老子。曹参听了大怒，令属下打曹窋200板，并斥令曹窋赶快回去侍奉皇帝，天下事非他所当议论。曹窋挨打遭骂后，曹参朝时，惠帝责备曹参为什么要对曹窋进行处罚，声明是自己让曹窋说那番话的。曹参虽赶忙脱帽顿首谢罪，却又反问道："陛下自察圣武孰与高皇帝？"惠帝说："朕乃安敢望先帝！"接着曹参又问："陛下观参孰与萧何贤？"惠帝又说；"君似不及也。"于是，曹参更有把握地对惠帝说："陛下言之是也，且高皇帝与萧何定天下，法令既明具，陛下垂拱，参等守职，遵而勿失，不亦可乎！"惠帝听了这番前人立业，后人守成，不改先帝定策，既忠于国家，又不烦扰百姓，确实是好办法，无可非议，对曹参连声称善，请他好好休息。

曹参所奉行的"无为而治"，确实做到了"无为"，至于"治"，就得作不同理解了。尽管在他死后，百姓歌颂为"萧何为法，讲若画一；曹参代之，守而勿失。载其清靖，民以宁一"。但是，任何一项政策法规都不可能是完美无缺的，随着时间的推移和形势的变化，应做必要修改和补充。曹参的做法，只是官不扰民，民自宁静，适应了百姓亟待休养生息的愿望。然而为相三年，毫无建树可言，只顾饮酒而不做事。毕竟曹参不是酒徒，无非是用饮酒克制有为而达到无为，真的做到无为也不是一件容易的事。

史书中称吕后继续推行黄老政治，除三族罪和妖言令，使天下晏然，衣食滋殖等。但在吕后身上看不出何为黄老思想主张，全是法家权术，“不别亲疏”，“严而少恩”。她一生中助刘邦夺取天下，杀害功臣，培植亲信，打击异己，安插诸吕，排挤刘姓，几乎乱了天下。只因老臣们不改旧制，休养生息的黄老政治才得以继续。

吕后时的右丞相陈平，自幼好读书，治黄帝、老子之术。出道以后，转而好为奇谋，是位能言善辩、见风使舵的纵横家，并不遵奉黄老之道。他曾自称：“我多阴谋，道家之所禁。”其智谋虽高，但行为可鄙。同他搭档的左丞相审食其，更无操持可言，因受宠于吕后，得居相位，而不理国事，专管宫中琐细，也无政绩可言。因此，吕后称制期间，对西汉历史发展只是一个过渡阶段，无更多积极作用。

文景两代，是西汉黄老政治的辉煌时期。一是客观形势需要继续休养生息，保持安定平稳的社会环境，以发展生产，繁荣经济。二是文帝自身在黄老无为而无不为思想影响下，崇尚节俭，以德化民。在位二十余年间，宫室苑囿车骑服御无所增益。有不便，辄弛以利民。身衣弋绨，帷帐无文绣。治坟陵因陋就简，皆用瓦器，不以金银为饰，以示敦朴，为天下先。在政治上废除诽谤之罪，取消肉刑，罪人不帑，不诛无罪等，专务以德化民，是以天下安定，几致刑措。所行所施，既体现了黄老清静无为的一面，也突出了儒家所倡导的仁义道德，故而被誉为节俭皇帝、仁义之君。

景帝及武帝初，窦太后是推行黄老政治的核心人物，在朝中举足轻重。文帝时，窦氏为皇后23年，由于受黄老政治熏陶，渐“好黄帝、老子言”，最后崇尚黄老之道，矢志不移。在她影响之下，景帝及诸窦氏子侄，不敢不读《老子》、尊其术。因此，景帝即位后，谨遵文帝遗业，无改父道。屡诏省刑罚，薄赋敛，尚节俭，务农桑，使国家殷富，黎民醇厚，一派安定繁荣景象。

但是，至景帝时，黄老政治的消极面也充分暴露出来，统治者们争相偷安，不思进取，社会上的“网疏而民富，役财骄溢，或至兼并豪党之徒，以武断于乡曲。宗室有士公卿大夫以下，争于奢侈，室庐舆服僭于上，无限度”，同最初的黄老政治背道而驰，或者说黄老政治已到了物盛而衰阶段，各种律令力度不足，极须进行变革，强化法律约束，以适应新的发展形势。

在历史长河中，各代都有自己的精英，不乏有识之士，唯有用与弃的差别。用则兴，弃则衰。汉武帝即位后，凭前代六十多年积累起来的巨大社会财富，摆脱黄老政治的消极束缚，起用能人，实行新政，大展文韬武略，创西汉伟业，建时代辉煌，并使自己在历史上留下多彩多姿、威武雄壮的一页。

建元元年（公元前140年），汉武帝为实行新政，首先罢免一批墨守黄老思想成规的大臣，起用雅好儒术的窦婴、田蚡、赵绾、王臧诸人。其中窦婴为丞相，田蚡为太尉，赵绾为御史大夫，王臧为郎中令。三公之位和皇帝身边出谋划策的人，全换成儒家门徒，专务“隆推儒术，贬道家言”，令黄老政治大有江河日下之势。在满朝文武一片礼义道德呼声中，以及这些大臣们的实际推动下，汉武帝欲按儒家礼仪设立明堂，以接纳诸侯朝拜，推行儒家政治，树立皇帝至尊权威，并征召著名儒生鲁申公负责筹划此事。接着又令列侯各自就国，废除封闭的关禁，以“礼”治国。对皇亲国戚子弟中素日骄淫无行者，加以谴责或惩戒，除其属籍。所有这些措施，表明汉武帝即位伊始便行儒家的有为而治，远离黄老的无为而治。

汉武帝的新政，触犯了往日养尊处优、无所事事的权贵们的利益，特别是受到制裁的诸窦氏子弟，纷纷跑到窦太后面前喊冤叫屈、搬弄是非，极力诋毁儒家政治主张。窦太后自文帝即位起，做了23年皇后，景帝时做了16年皇太后，汉武帝尊其为太皇太后。长期后宫政治生涯，逐渐使窦太后权势日增，直至凌驾皇帝之上，视黄老政治是保全自己权势的命根子。皇帝无为，她才可以有为；皇帝有为，她就要无为了。这样一位资深有势的老人，观念早已僵化，既不可能改变她的政治主张，更不肯退出历史舞台。面对纨绔子弟们的胡作非为，早已失去识辨是非的能力，成为他们的保护神，而对汉武帝背离黄老政治，由心中不悦，发展到出面干预。

建元二年（公元前139年），御史大夫赵绾根据儒家所倡导的后妃不得干预朝政原则，奏请汉武帝废除以往向东宫奏事制度。窦太后闻讯后，立刻意识到矛头已直接指向自己，憋在胸中的怒火顿时爆发，怒斥赵绾等人是用诈术欺诳皇帝，为个人谋取私利，图谋不轨。这些话出自权倾朝野的窦太后之口，便给赵绾等人定了死罪，再也没有什么比谋反更大的罪名了，足可以把赵绾等人置于死地。刚刚即位而又年轻的汉武帝，既经验不足，又地位不稳，对窦太后的话只能俯首帖耳地听从。谁都明白窦太后虽然把火发在赵绾等人身上，实际上是针对汉武帝，自然汉武帝也不会不懂得。因此，汉武帝对窦太后的旨意面临两种选择：一是抗争，摆脱束缚，按自己的意志行事，但有被赶下皇帝宝座的危险；二是服从，先保住皇位，坐待时机，靠年龄优势，与窦太后进行生命竞赛，避免操之过急而带来危险。最终，汉武帝采取了后者，舍车保帅，下令逮捕赵绾及王臧。这两位积极帮助汉武帝推行新政的先驱者入狱后，自知必死无疑，不忍受辱被杀，决心用自己的生命唤醒汉武帝和朝野众人，不等窦太后下令处决，便一同自杀于狱中，使汉武帝的政治举措，一开始就付出了血的代价。至此，窦太后仍不肯罢休，又逼令汉武帝罢免丞相窦婴和太尉田蚡职务，对刚要兴起的儒家政治进行全面大扫荡，使幻想抬头的儒生们遭到血腥棒喝，黄老政治继续苟延下去。

建元六年（公元前135年）五月，风烛残年的窦太后，紧握权柄的双手终于撒开，结束了操纵朝政的漫长人生历程。随着她的死去，西汉的黄老政治也画上了句号。笼罩在汉武帝头上的政治阴影消失了，一个崭新的政治局面即将出现，多年受到冷落的儒生们也将大展治国才能，推动西汉政权走向辉煌的高峰。

儒生开始参政事

西汉初期，统治者虽然崇尚黄老思想，标榜清静无为政治，但同时也杂用儒术。其具体表现有两点：一是吸收儒生参政；二是鼓励孝悌力田。

历来的儒生们，多有积极参政意识，汉初的儒生也不例外，而且对西汉政权的建立与发展，曾起过重要作用。统治阶级对儒生有益于治国利民的政治主张，一并加以采纳，相互为用，呈现儒道法各家主张杂用局面，虽然主流是道家，但其余各家思想也很活跃，较为自由。特别是儒家的德治思想，任何政治力量都无法将其替代或抹杀，其真理性和现实意义，不管统治者的政治主张如何，都会自觉或不自觉地加以实行。至西汉初年，儒家思想已有三百余年的发展历史，儒生遍及各地，具有广泛的思想影响和深厚的社会基础。儒生参政之后，力倡德治教化，起到转变世风、改易民俗、净化良知等积极作用。是以儒术可使黎民淳厚，兴于礼义，社会稳定，海内殷富。

刘邦虽有帝王才能，但他不读书，不修文学，而且对儒生持有偏见，与儒家的繁文缛节格格不入。许多儒生好为直言，当面揭短，更使刘邦觉得厌恶，甚至对儒生做出下流侮辱行为。在未发迹之前，曾见到客人头戴儒生帽子，伸手将客人帽子摘下，往里面撒尿。自为汉王以后，又常骂儒生为竖儒、腐儒，随意贬毁。但是，对某些有真才实学的儒生，尚能言听计从，加以推崇器重，又颇有尊贤雅量。早在入关前夕，郦食其去见刘邦献策，他虽很有胆识，擅长谋略，但因是位穷困落魄的儒生，知名度不高，故而刘邦见到他时，漫不经心，很不礼貌，继续坐在床上，使两名婢女为自己洗脚。郦食其看到此情此景，也很不客气，只是略为拱一拱手，不予叩拜，并以教训的口气责问刘邦："足下欲助秦攻诸侯乎？欲率诸侯破秦乎？"接着，刘邦和他对骂："竖儒！夫天下同苦秦久矣，故诸侯相率攻秦，何谓助秦？"郦食其紧跟着又以教训的口气说："必欲聚徒合义兵诛无道秦，不宜踞见长者。"双方经过如此唇枪舌剑对阵之后，刘邦已看出郦食其很有胆识，非等闲之辈可比，后悔骂他是个贱劣如小孩子的儒生，赶忙停止洗脚，起身更衣，请郦食其上坐，表示歉意，愿闻教诲。于是，郦食其先从战国合纵连横经验教训讲起，随后建议刘邦避开攻打秦朝关中要地，夺取关东四通八达、粮草充足的战略要地陈留，并自愿亲往陈留游说县令，使其投降刘邦。若县令不肯归降，可率兵随后攻之，自己为内应。刘邦立即采纳了这个建议，遣郦食其去陈留游说，随后率兵至陈留城下，一举夺取了该城，为入关灭秦打下了基础，树立了信心。故而封郦食其为广野君，奖励他帮助扩大势力范围的功劳，成为第一个受到刘邦重用的儒生。

汉王三年（公元前204年）秋，项羽打败汉军，占领荥阳，迫使刘邦退守巩城。荥阳以北的敖仓为秦朝屯粮之所，积粟甚多，项羽夺取荥阳后，不以重兵镇守敖仓，而继续挥师东进。刘邦因数困荥阳、成皋一带，也想放弃成皋以东地区，屯兵巩城至雒城一线。郦食其见此形势，向刘邦讲述“王者以民为天，而民以食为天”的道理，建议打消退守念头，复进兵收取荥阳，食敖仓之粟，扼成皋险要，断太行通道，据飞狐口，守白马津，以成割据之势，令天下望而来归。接着又分析了燕赵齐楚各地形势，自愿往齐说服齐王称藩归汉。刘邦气势大振，对战胜项羽又多了几分信心和把握。

随着郦食其才能的显露和计策的奏效，刘邦对他也格外尊重和信任，同意他东去说服齐王田广归降。于是，郦食其重任在肩，只身至齐，见齐王田广，历数项羽背约毁盟，失信天下，肆虐施暴，滥杀无辜，嫉贤妒能，贪天之功，为天下之所共弃。盛称刘邦能与天下同利，赏罚分明，士卒乐于效力，贤豪乐于为用，发蜀汉，定三秦，占据关东各险要，已成帝王之势，为天下之所同归。最后，敦请田广速归汉王，以保全齐国社稷。否则，齐国危亡立待。田广认为郦食其的话既符合事实，又有道理，立即决定归汉，撤罢兵守战备，与郦食其饮酒祝贺。

郦食其不用一兵一卒，只凭自己的才识和利口，使拥有70余城的泱泱大国归汉，足显儒生威力无穷，不可小视其作用。但是，文武相轻、争名夺利的陋习，往往使许多事情功亏一篑，付诸东流。正当郦食其在齐游说时，大将韩信也率兵东进，欲以武力夺取齐地。途中听到郦食其已说服齐王归顺汉王，欲停兵折返，转战他乡。谋士蒯通对韩信说：“将军受诏击齐，而汉独发间使下齐，宁有诏止将军乎？何以得无行！且郦生一士，伏轼掉三寸舌，下齐七十余城，将军将数万之众，乃下赵五十余城。为将数岁，反不如一竖儒之功乎！”这种不顾大局、轻蔑士人的话，与韩信内心想法暗合，随即言听计从，率军渡河，指向齐国，进至临淄城下。齐王田广面对韩信来攻，也不辨黑白，认为是受郦食其的骗了，遂将其杀死，而后弃城逃走。

郦食其的悲剧，是韩信一手促成的，他不仅借齐王的刀将郦食其杀害，而且乘齐王已降不备，将郦食其已到手的功劳夺为己有。汉王虽然得到齐地，却因韩信而丧失齐的民心，齐王田广、齐相田横逃走后，集结残部，与楚联合，同汉为敌，继续使汉军背上沉重包袱。

西汉政权建立后，一些经过楚汉战争洗礼，帮助刘邦定天下的儒生，首先受到重用，并形成西汉政权建章建制的骨干力量，其中最受尊崇者有叔孙通、陆贾等人。

叔孙通是汉初通权达变的名儒，秦朝时即拜为博士，并从秦二世虎口逃出。汉王二年（公元前205年），叔孙通率百余名弟子归汉。初到时，因身穿儒服，为刘邦所憎恶。他知道刘邦既然以衣帽取人，便投其所好，改穿刘邦家乡短小的楚服，令刘邦高兴。接着他向刘邦推荐了许多武夫，而不推荐自己的弟子，令弟子们大惑不解，问他是何道理，叔孙通对弟子们说：“汉王方蒙矢石争天下，诸生宁能斗乎？故先言斩将搴旗之士。诸生且待我，我不忘矣。”于是，取得了弟子们的谅解，刘邦也很佩服他的见识，拜他为博士，号稷嗣君，希望他能像后稷辅佐尧一样帮助自己打天下。

汉王五年（公元前202年）二月，刘邦令叔孙通选择吉日良辰，在定陶宣即皇帝位。在庆祝刘邦登基的宴会上，群臣借酒争功，醉后狂呼乱舞，拔剑击柱，有如一群乌合之众，令刘邦深以为忧。叔孙通看到刘邦越来越讨厌这种不成体统的场面，便向刘邦建议说："夫儒者难与进取，可与守成。臣愿征鲁诸生，与臣弟子共起朝仪。"刘邦虽然也懂得不同形势下，起用具有不同特长的人，但觉得建立朝仪这件事很难，怀疑叔孙通能否办到。于是，叔孙通又讲述各代礼仪都不一样，因时世人情之变而异，可以参考古礼和秦制而创立汉朝礼仪。最后，刘邦仅答应叔孙通试一试，仍无必成信心，并告诉叔孙通：一定要简单明了，容易掌握，他能做到才行。

叔孙通得到刘邦认可后，征调鲁国儒生三十余人，又召集刘邦左右素有学问者数十人，总计百余人，在叔孙通指导下，用茅草树枝在野外演习，编排尊卑位次。经过月余练习，叔孙通请刘邦观看，刘邦看后表示能做到，下令群臣进行学习。汉高祖七年（公元前200年）十月，长乐宫建成，刘邦在宫中朝会诸侯群臣，按叔孙通编排的次序众人按不同身份依次入殿，文武分班站立；侍卫者执戟传警，簇拥刘邦慢步登上宝座；侍从导引诸侯王以下至六百石官员依次走到刘邦面前拜贺。众人见到皇帝威严端庄，无不战栗惊恐，尽皆伏案低首，不敢仰观，昔日吵闹杂乱场面为之一扫，至饮酒时，皆不敢放荡不羁，一旦发现有谁举杯不合仪式，必须立即离席出场。整个典礼过程，十分庄严肃穆，圆满周密。刘邦见到如此盛况，大为感慨地说："吾乃今日知为皇帝之贵也。"表明礼仪的威力不可限量，足可改变一代世风。

朝贺典礼过后，刘邦对叔孙通更是另眼相看，拜他为奉常，主管朝廷礼仪，赐金五百斤，以示嘉奖。同时，对于追随叔孙通左右的弟子，也都安排在朝中为郎，或掌守宫中门户，或充当车骑，直接为皇帝服务，终于使大多数儒生有了参政机会，看到了自己的前途希望。至汉高祖九年（公元前198年），叔孙通被任为太子太傅，位在三公之上，隆崇已极。后来刘邦执意废易太子，叔孙通恪尽职守，以死相谏，用历史上的经验教训开导刘邦，认为“太子天下之本，本一摇天下震动，奈何以天下戏”，终于同张良等人一起保住了刘盈的太子地位。史书中称惠帝“内修亲亲，外礼宰相”，也当与叔孙通用儒家思想指导惠帝进行品德修为有关。

陆贾是汉初黄老思想的主要代表人物之一。由于他的政治思想处处缘以儒术，又常被视为儒生。楚汉战争时，因其能言善辩，被刘邦留在左右，常奉命游说诸侯，为西汉的统一立有大功，官拜太中大夫，专门与皇帝议论天下大事。由于陆贾常在刘邦面前称引《诗》《书》，讽谏其施仁政，重德治，弄得刘邦似懂非懂，与陆贾争辩说：“乃公居马上得之，安事《诗》《书》。”陆贾立刻回敬刘邦说：“马上得之，宁可以马上治乎？且汤武逆取而以顺守之，文武并用，长久之术也。昔者吴王夫差、智伯极武而亡；秦任刑法不变，卒灭赵氏（秦的先祖以赵为姓），向使秦已并天下，行仁义，法先圣，陛下安得而有之？”几句话说得刘邦无以应对，自惭无识短见，命陆贾为他著述秦所以失天下、他所以得天下的原因，以及古代各国成败的经验教训。

陆贾接受了著书立说任务后，按照儒家贵仁义、贱刑威的思想，以及道家的“无为”学说，分别论证了前代得失和当前治国应采取的方略，共写成12篇。每篇写成后，随即送刘邦阅览，而刘邦每读一篇，无不称善，大加赞扬。周围的人看到刘邦十分高兴，也齐声高呼万岁，把陆贾所著12篇文章名曰《新语》，表明儒家思想不仅为刘邦所接受，而且有着广泛的社会基础。只要皇帝推崇、实行，黎民百姓无有不从，国家也会治理得更好。总之，在刘邦思想和行为中，随处都可发现儒家思想影响的痕迹，不同程度地运用儒术治国教民。特别是在楚汉战争时，一方面依照秦制，以儒生为博士，令其奉使游说诸侯归汉，瓦解楚军力量，或留在左右以备应对，参与议政理政。另一方面为了争取民心，壮大力量，常根据儒家教导施恩德，赐民爵，存问父老疾苦，行仁义于天下，化解尖锐的社会矛盾。对百姓中50岁以上，有所修行，能率众为善者，置以为三老，充当基层官吏。所谓的率众为善，无非就是用儒家的礼义仁德进行思想教育，使百姓加强道德修养，顺从统治者的统治。

历史上的官吏有循吏和酷吏之分，循吏多为儒者，酷吏多为法家，而且循吏常遭忌，酷吏少善终。汉文帝崇尚黄老刑名之术，推行清静无为政治，而社会矛盾却日趋尖锐，统治者得不到片刻清静，只能起用晁错一类的酷吏。但是，文帝对儒生的通于世务，明习文法，以经术润饰吏事等才能，也很欣赏。因此，文帝在治理国家时也常起用儒生，杂用儒术，以解决种种社会矛盾，置博士七十余人，在这数十名博士中，以贾谊最为年轻有为，明于治道，力倡变革，锐意进取，与无为政治格格不入，表现出激进、强烈的政治热情。吕后称制五年（公元前183年），贾谊年仅18岁，以通晓诸家学问，擅长文章而闻名于郡中，应河南郡守吴公之聘为幕僚。文帝时，经吴公推荐，召为博士，随即超迁太中大夫，参与议论朝政。每当文帝诏令议下，诸老先生未能言，而贾谊尽为之对，人人都很佩服他的才能。

西汉初期，大多数统治者因受无为政治的消极影响，因循苟且，不思进取。对社会上日益增长的矛盾放任自流，轻视开导教化作用，使西汉政权内有诸侯割据之忧，外有匈奴入侵之患，天下百姓饥寒交困，纷纷舍本逐末，而豪强富商竞相奢侈逾制，乘机暴富，国家面临倾覆危险。对此，贾谊凭自己敏锐的政治观察力和透彻的分析能力，最先向汉文帝指出上述弊端，建议改正朔，易服色，定官名，变制度，行仁义，兴礼乐，推行儒家政治。诸事皆以仁为本，施仁心，行仁政，加仁恩于四海。只有仁行义立，德博化富，统治才可长久，百姓才能安乐，并以秦亡为鉴，讽谏统治者采取具体解救措施：应“裂地分民以封功臣之后，建国立君以礼天下，虚囹圄而免刑戮，除去收帑污秽之罪，使各反其乡里，发仓廪，散财币，以赈孤独穷困之士，轻赋少事，以佐百姓之急，约法省刑以持其后，使天下之人皆得自新，更节修行，各慎其身，塞万民之望，而以威德与天下，天下集矣”。秦二世不行此术而秦亡，汉当引以为戒。这种重礼施仁，约法省刑，轻徭薄赋，以民为本思想，既代表了儒家济世安民的治国之道，又反映出儒生对国家的责任感和忧患意识。并申明如行此术，四海之内皆欢然而自安其乐，唯恐天下大乱，虽有坏人作乱，而百姓无离上之心，坏人阴谋不会得逞，暴乱自然平息，希望统治者能采纳他的建议。

尽管贾谊锐意变革，再三上疏皇帝，陈述治道，希望国家安定兴盛，但因时机尚未成熟，国家凋敝状况仍未彻底扭转。至文帝前元十三年（公元前167年），依旧“野不加辟，岁一不登，民有饥色”，社会的主要矛盾还是解决百姓衣食温饱，衣食足而兴礼义。因此，汉文帝不会全面采纳贾谊的建议，大张旗鼓地改弦更张，只能个别地修修补补，更定法令，小有措施。诸如遣列侯离京就国，亲自治理封地万民，不得留京养尊处优，坐享其成；令诸侯分土地以王子弟，推恩宗室，防止诸侯王势力过大，与朝廷分庭抗礼；待大臣有礼有节，使之恪尽职守，知耻改过，厉节修行。这些虽然只是部分采纳了贾谊的意见，却对西汉政权建设产生了重要作用，甚至影响到几代人，使儒家思想和政治主张在统治阶级中产生强烈反响。以绛侯周勃、颖阴侯灌婴、东阳侯张相如、御史大夫冯敬等老臣为首的守旧势力，对之极力排斥、诋毁，顽固地维护黄老政治，不肯放弃他们的既得利益，诬蔑贾谊“专欲擅权，纷乱诸事”，逐渐使文帝对贾谊疏远，不用其策，外放为长沙王太傅，远离朝廷，最后死于忧国忧民之中。但是，贾谊毕竟因文帝提携而少年得志，并使儒生们从他身上看到了希望，更积极地推动儒家政治的早日实行。

汉景帝时，“不任儒，窦太后又好黄老术，故诸博士具官待问，未有进者”。儒生们仍处于帮闲地位，儒家思想最受排挤，并一直延续到汉武帝初期。自窦太后死后，汉武帝开始大批起用儒生，一些持儒家思想的官吏受到重用。特别是田蚡为丞相后，“黜黄老、刑名百家之言，延文学儒者以百数”。接着名儒公孙弘以学官晋升为丞相，天下学士靡然向风，儒家政治上升到统治地位，儒生纷纷出仕为官。

汉初杂用儒术的另一标志就是提倡孝道，以孝治国。自惠帝以来，各皇帝死后的谥号皆加上一个孝字，称作孝惠、孝文等，有些王侯谥号也如此，如齐孝王、梁孝王等，用一个孝字表彰其善承父志，谨遵祖训，成为统治者安身立命的原则。同时，在广大民众之中，设置孝悌力田之官，以儒家仁孝、务本思想作为选官标准，使之劝导百姓敬老尊长，务本力田，以期达到百姓努力发展生产、国家安定繁荣的目的。

孝悌是儒家思想核心的核心。孔子认为：“孝，德之本也，教之所由生也。”古代“先王有至德要道，以顺天下，民用和睦，上下无怨”，这是遵行孝道的结果。又称“孝悌也者，其为仁之本欤”，“君子务本，本立而道生”，一个人如果“孝悌，而好犯上者鲜矣；不好犯上，而好作乱者未之有也”。极力主张“人之行莫大于孝”。这种务本顺上的孝道思想，有利于淡化人民与统治者的对立情绪，形成尊长敬上的社会风气，使国家政权得到巩固，自然被统治者接受、提倡。

惠帝四年（公元前191年）正月，为了稳定社会秩序，鼓励发展生产，惠帝诏令天下“举民孝悌力田者复其身”，对于孝敬父母，顺事兄长，并努力种田的人，免除终身赋税徭役负担，为广大人民树立孝悌勤劳典范，开社会风气之先，使孝悌力田成为导民务本向善的思想武器。至吕后称制元年（公元前187年），开始在吏员中“置孝悌力田两千石者一人”，将“孝悌力田”定为官名，而且俸禄为两千石，属于上层官员，可佩戴青绶，司掌银印，表明朝廷十分尊崇此官，又无时不在提醒天下孝悌力田。

汉文帝是位号称“专务以德化民”的皇帝，多次亲自率耕，导民务本，诏告天下孝悌力田。前元十二年（公元前168年），文帝下诏称：“孝悌，天下之大顺也；力田，为生之本也。三老，众民之师也；廉吏，民之表也。朕甚嘉此二三大夫之行。今万家之县，云无应令，岂实人情？是吏举贤之道未备也。其遣谒者劳赐三老、孝者帛人五匹，悌者、力田二匹，廉吏二百石以上率百石者三匹。及问民所不便安，而以户口率置三老孝悌力田常员，令各率其意以导民焉。”对孝悌力田，汉文帝不仅极力提倡，而且以身作则，采取必要措施，督促落实。孔子称“十室之邑必有忠信”，汉文帝确信万家之县必有廉吏、孝悌、力田者，他们是民众的表率，应该受到尊敬，推举做官。正是在汉文帝的倡导下，儒家的礼教风靡于世。

景帝时虽不重用儒者，但儒术却仍被采用，极力称赏儒家的德治，对文帝“除诽谤，去肉刑，赏赐长老，收恤孤独”等措施，看作“德厚侔天地，利泽施四海，靡不获福”的德治，以昭德之舞祀享。同时，群臣称颂景帝是“永思孝道”，是一个以孝德治天下的皇帝。

汉武帝时，随着国家形势的好转和方针政策的改变，不再继续提倡孝悌力田。但是，为广教化，美风俗，延揽人才，强化吏治，提出“兴廉举孝”的口号，诏令各郡国推举贤良文学或举孝廉，使许多饱读诗书的儒生，有了出仕为官的机会，呈现人才辈出的兴旺景象。

实施轻徭薄赋策

古代中国，是一个靠农民养活的国家，统治者对农民剥削的多少轻重，直接关系到国家的盛衰兴亡。无数历史经验证明：赋税越轻，国家越富、越兴旺繁荣；赋税越重，国家越穷、越衰落凋敝。因为轻徭薄赋有利于生产者组织再生产，创造出更多的财富，促使生产力的提高和经济的繁荣，从而为国家提供取之不尽的财源。相反，横征暴敛的结果，国家虽可解救一时的燃眉之急，却会带来无穷祸患，使生产者失去再生产能力，破坏生产正常运行，无法创造出更多财富供统治者榨取，导致国家财源枯竭，呈现报复性的恶性循环。尽管经济政策是受政治方针制约、主宰的，但是经济发展规律往往不以政治愿望为转移。一旦政治暴虐一尺，经济便会跌落一丈。

自周秦以来，在正常的形势下，农民种田的租税负担，仅是总收获量的十分之一，即国家收取什一之税。统治者在制定这一税率时，首先考虑到农民自身吃穿用和再生产的需要是多少，防止因国家税重而伤民害农，对“民伤则离散，农伤则国贫”的历史教训有较清醒的理性认识，不敢无限增加农民负担。但是，什一之税，仅是让农民维持最低生活需要，随着统治者欲望无限，对农民的剥削除田租之外，尚有各种名目的赋税负担，使农民深陷穷困之中，经济发展异常缓慢，国家的发展随之举步维艰，长期贫穷落后。

秦始皇统一全国之后，奋其私智，穷奢极欲，“内兴功作，外攘夷狄，以秦半之赋，发闾左之戍。男子力耕不足粮饷，女子纺绩不足衣服。竭天下资财以奉其政，犹未足以赡其欲也。海内愁怨，遂用溃叛”。农民将自己每年收获的三分之二交税，供给统治者挥霍享乐，而自己终岁劳苦，食不饱腹，衣不蔽体。男子成丁后，立即开始服徭役，“一岁屯戍，一岁力役，三十倍于古；田租口赋，盐铁之利，二十倍于古。或耕豪民之田，见税什五。故贫民常衣牛马之衣，而食犬彘之食。重以贪暴之吏，刑戮妄加，民愁亡聊，亡逃山林，转为盗贼，赭衣半道，断狱岁以千万数”。如此横征暴敛，百姓困难重重，国家岂有不亡！

西汉政权建立后，由于“接秦之弊，丈夫从军旅，老弱转粮饷，作业剧而财匮，自天子不能具纯驷，而将相或乘牛车，齐民无藏盖”。凋败不堪的经济形势，严重关系到西汉政权能否存在下去，迫使统治者必须采取扭转形势的有力措施，故而刘邦“约法省禁，轻田租，什五而税一，量吏禄，度官用，以赋于民”。其田税较历史上的什一之税减少三十分之一，并根据国家实际需要，制定其他各项税收标准，尽量做到轻徭薄赋，减轻百姓经济负担，使之重新回到田里，恢复生产，安居乐业，为政权的巩固与发展奠定基础。

惠帝即位，施恩百姓，诏告天下：“减田租，复什五税一。”此一记事，表明刘邦所颁行的“什五税一”政策未能贯彻始终，很可能是在后期又回到什一之税上来。至惠帝时感到田租过重，不利于生产发展，而重新恢复什五税一政策。

吕后称制后，又经过八年轻徭薄赋，终于使国家出现“民务稼穑，衣食滋殖”局面，农业生产逐渐得到了恢复与发展，经济形势略有改观。

文帝即位后，一方面，生产虽为上升趋势，但国家仍无积蓄可恃，百姓仍处于半饥半饱之中，须继续推行休养生息政策。另一方面，随着经济形势的好转，使自战国以来兴起的背本趋末之风重新抬头，奢靡淫侈之俗日长，百姓纷纷弃农经商，严重地影响了农业生产的进一步发展。虽然是“法律贱商人，而商人已富贵矣；尊农夫，农夫已贫贱矣”。这种不重视生产而追求流通，无法使社会财富得到增长，必然导致囤积居奇，哄抬物价，使人心浮动，社会不稳，同统治者的愿望背道而驰。故此，汉文帝为进一步刺激农业生产的发展，对农民采取更宽松的让步政策，多次下诏劝农，极力呼吁：“农，天下之大本也，民所恃以生也，而民或不务本而事末，故生不遂。”并亲自率耕，以为天下先，鼓励人们从事农业生产。

但是，尽管汉文帝重视农业发展的方针是正确的，却无法改变务农不如经商的事实，经商致富的诱惑力远远胜过皇帝的号召力。至于贾谊、晁错等政论家们，虽然对国家的形势保持清醒认识，提出过某些抑商重农的建议，希望能扭转形势，但他们的建议，也仅是头痛医头，脚痛医脚，不可能阻止商人的崛起。贾谊对弃农经商、奢靡淫侈的情况，视为天下大残、大贼，向统治者敲响警钟。他在上疏文帝时称：“今背本而趋末，食者甚重，是天下之大残也；淫侈之俗，日日以长，是天下之大贼也。残贼公行，莫之或止；大命将泛，莫之振救。生之者甚少，而食之者甚多，天下财产何得不蹶！汉之为汉几四十年矣，公私之积犹可哀痛。失时不雨，民且狼顾；岁恶不入，请卖爵、子。既闻耳矣，安有为天下阽危者若是而上不惊者。”贾谊的这番话，表明西汉刚刚走向恢复发展的经济形势，因弃农经商者日众又蒙上了阴影；种粮的人少而吃粮的人多，是社会贫困的主要原因。他建议“驱民而归之农，皆著于本，使天下各食其力，末技游食之民转而缘南晦”。这样一来，国家便可以有足够的积蓄，人民乐于所从事的行业，皇帝也就不必为天下危机担忧了。

继贾谊之后，晁错又上疏文帝，进一步分析国家蓄积不足的原因，建议实行贵五谷而贱金玉的重农政策。他对文帝说："圣王在上而民不冻饥者，非能耕而食之，织而衣之也，为开其资财之道也。故尧、禹有九年之水，汤有七年之旱，而国无捐瘠者，以蓄积多而备先具也。今海内为一，土地人民之众不避汤、禹，加以无天灾数年之水旱，而蓄积未及者，何也？地有遗利，民有余力，生谷之土未尽垦，山泽之利未尽出也，游食之民未尽归农也。民贫则奸生。贫生于不足，不足生于不农，不农则不地著，不地著则离乡轻家，民如鸟兽，虽有高城深池，严法重刑，犹不能禁也。"广大农民虽终岁勤苦，而不得温饱，被逼"卖田宅、鬻子补以偿债"，而富商大贾坐食渔利，积储倍息，"其男不耕耘，女不蚕织，衣必文彩，食必粱肉；无农夫之苦，有千百之得。因其富厚交通王侯，力过吏势，以利相倾；千里游遨，冠盖相望，乘坚策肥，履丝曳缟。此商人所以兼并农人，农人所以流亡者也"，"俗之所贵，主之所贱也；吏之所卑，法之所尊也。上下相反，好恶乖迕，而欲国富法立，不可得也"。最后，建议文帝推行轻爵贵粟政策，并指出："粟者，王者之大用，政之本务"，"爵者，上之所擅，出于口而无穷"。令民可以出粟买官职爵位，或者用粟免罪减刑，从而使粟变成无价之宝，种田的人自然会多起来。

经过贾谊、晁错有说服力的启发、建议，汉文帝采取了一系列劝农措施，诸如：开籍田，亲自率耕，以为天下先；厉行节俭，广为积蓄，以备非常之需；民可出粟买爵，输粟实边；减免田租，三十而税一，或全年免收；并赐孤寡布帛，等等。这些措施深得百姓称颂，终于出现"海内殷富，兴于礼义"的可喜景象。

但是，文帝末年至景帝初年，因水旱、疾疫、蝗虫等天灾侵害，岁比不登，民多乏食，令皇帝深为忧痛。为战胜天灾，稳定农业生产，文帝召令群臣察找天灾频降、农业歉收原因。并首先反躬自问，是否因自己政有所失，行有所过，遭到天谴；或者百官俸禄过高，无用的事做得太多，而使百姓乏食。文帝自己可以断定的原因，就是从事经商而害农事的人越来越多，为追求享乐而大量用谷造酒，各类牲畜食谷过多，使产得少、用得多的矛盾最终落到贫苦农民头上，出现民多乏食现象。故而与丞相列侯等计议，凡有可以帮助百姓摆脱困境的建议，均可一一说出来，不要有所隐瞒。由此可以看出，文帝始终把百姓吃饭问题作为头等大事。

景帝即位后，继续着手完成文帝的未竟事业：同意百姓由人多地少之处迁往人少地多之处居住，以开辟农田；令田半租，使三十税一成为定制，重农政策落到了实处；严防官吏扰民害农，不许官吏渔夺百姓，侵牟万民，以及从事贱买贵卖的经商活动，如有违者以坐赃为盗论处；禁止官吏收受财物，防止额外增加百姓负担等。为督励群臣很好贯彻重农政策，景帝又以身作则，“不受献，减太官，省徭赋”，为减轻农民负担，诸事从简。在吏廉税轻环境下，自然有利于发展生产，创造财富，使天下广务农桑，素有积蓄，从而使国家走向富强。

据考证，汉初经过半个世纪的休养生息，全国人口逐渐恢复到秦朝时的两千万左右。其中约有半数是诸侯王封地或食邑的民户，直接向国家交纳田租者仅千余万人。为了鼓励农业生产，统治者不惜减少国家财政收入，豁免田租。按晁错所说：“今农夫五口之家，其服役者不下二人，其能耕者不过百亩，百亩之收，不过百石。”以三十税一核算，每一农户一年只交田租3. 33石。1000万口约合200万户，国家一年所收田租约666万石。这个数字，仅官员俸禄一项也不足支付。西汉前期，官吏俸禄是以粟核算，从朝廷到地方，大小官员16级，最高俸禄为两千石，最低者斗食。按汉末人口近6000万、吏员12万余推算，其前期吏员少说在3万人以上，所需俸禄当有千万石，呈入不敷出之势。但是，羊毛出在羊身上，没有不靠老百姓养活的官吏，除田租之外，劳动者还须交人头税、关税、市税、财产税等，以供国家财政支出。

赋敛无度，徭役繁多，导致经济崩溃，这是秦朝灭亡的重要原因之一。汉初统治者们，牢记这一历史教训，采取了轻徭薄赋政策，以缓解社会矛盾，促进生产发展。在前期七十余年间，不仅赋税较轻，也很少役使民力而大兴土木，基本上使百姓免除沉重的赋税负担和劳役之苦。

刘邦不仅创建了西汉政权，也为统治者树立了轻徭薄赋的典范。自汉王四年（公元前203年）八月，“初为算赋”，开始征收人头税，规定“民年十五以上至五十六出赋钱，人百二十为一算，为治库兵车马”，遂为定制。而秦朝的人头税纯属掠夺性质，官吏直接到各家各户收缴人头税，当场清点人数，按口交纳谷物，用箕装走，所谓“头会箕敛，以供军费”。这种强制性的收税办法，造成财匮力尽，民不聊生。从上述史料中，可以断定秦汉时的人头税主要充作军用，只是轻重不同而已。再者，刘邦称帝后，也较爱惜民力。定都关中之后，因咸阳秦宫被项羽烧毁，成为一片废墟，只好在附近的长安乡再建。

高祖七年（公元前200年）冬，萧何乘刘邦北击匈奴，不在长安，修筑一座宏伟的未央宫，立东阙、北阙、前殿、武库、大仓，以重天子威严。但是，刘邦回到长安后，见到壮丽的未央宫，立刻大怒，申斥萧何治宫室过度，劳民伤财。故而此后无人再敢修筑宫室。至十一年（公元前196年），刘邦仍把省赋作为施政大事，看到诸侯王等争相向皇帝朝献，献钱多少无规定限制，官吏多征赋为献钱，增加百姓负担，造成疾苦。为纠正此种弊端，刘邦诏令“诸侯王、通侯常以十月朝献，及郡各以其口数率，人岁六十三钱，以给献费”，使官吏无限制收敛百姓钱财现象得到扼制。统治者少一分享受，百姓则多一分幸福。

惠帝在位期间不理朝政，诸事一仍其旧，唯修筑长安城一事，可算作他的政绩。自即位元年正月，就开始修建长安城，历时五年而成。其间有两次大规模征发，其一为惠帝三年（公元前192年）春，“发长安六百里内男女十四万六千人城长安，三十日罢”。虽涉及范围较广，动用人数甚多，但历时较短，不至于严重影响农业生产。同年六月，征调诸侯王、列侯徒隶2万人修长安城，罪犯是修长安城的主要劳力，以维持旷日持久的工程建筑。其二为惠帝五年（公元前190年）春，仍动用了长安城六百里以内的14.5万男女，也是30日而罢。至同年九月，长安城终于竣工，成为全国名副其实的政治、经济、文化中心。此两次大规模征发，从全局来看，仍属局部性，又有一定节制，对轻徭薄赋政策不会产生更多影响。

汉文帝时，偃武修文，政尚节俭，事事以无劳百姓为宗旨，尽量减少各种费用，既不搞大规模土木工程建设，又无大规模军事行动，百姓几乎无徭役之苦，只承担皇室日常普通差役，号称“民赋四十，丁勇三年而一事”。较以往算赋百二十钱、赋役一岁一事相比，各减轻三分之二。汉景帝时，继续坚持轻徭薄赋方针，在原来基础上，为进一步减轻农民负担，致力于发展生产，先从自身做起，诏示天下：“不受献，减太官，省徭赋。”欲使天下务农蚕，广积蓄，备灾荒。对诸侯王征发封国民力加以限制，为其修筑坟墓不得超过300人，也不准随意占地修建。督促官吏务劝农桑，不得贪赃枉法以扰民。

由于文景两代长时间坚持减免田租和轻徭薄赋的重农方针，农业生产有了较大发展，国家出现繁荣景象。对此，司马迁曾用文学夸张笔法予以描绘与歌颂，称：“汉兴七十余年之间，国家无事，非遇水旱之灾，民则人给家足，都鄙廪庾皆满，而府库余货财。京师之钱累巨万，贯朽而不可

校，太仓之粟陈陈相因，充溢露积于外，至腐败不可食。众庶街巷有马，阡陌之间成群。”从而标志着汉初的让步政策取得了成功，百姓得以安居乐业，国家走向繁荣富强。

废除苛刻的刑法

西汉文、景两帝，全面推行与民休息的让步政策，致力于经济发展，注重人的道德思想教育。在轻徭薄赋的同时，又实行轻刑薄罚，废除苛法，使人知耻自重，自觉遵纪守法。在宽松刑法下，百姓既在精神上获得一定解放，又在肉体上免遭摧残和羞辱，使人的才智尽可能得到充分发挥，促进了生产力的提高和经济的发展，国家也从而得到安定。

自战国以来，随着地主阶级级的兴起，代表地主阶级利益的法家思想独领风骚，受到普遍重视，各国纷纷任用法家，变法图强，推动中国封建社会的进程，终于使秦国吞并六国，海内为一。但是，以秦始皇为首的统治核心，把法家思想极端化，使国家走进了死胡同，“专任刑罚，躬操文墨”，随之而来的便是从高峰上跌落下来，走向自己的反面，“天下愁怨，溃而叛之”，遂陷于绝境。

秦末大起义，既是广大民众反抗秦朝暴政的斗争，也是对法家思想的大扫荡，任何刻峭寡恩、专制独裁，在愤怒的民众面前都变得苍白无力，令后继的西汉政权时刻引以为戒，改弦更张，对人民让步。

先是刘邦入关后，首先宣布废除秦朝苛法，约法三章，以顺应民心，聚集反秦力量，壮大了队伍。但是，随着形势的发展变化，简单的几条法规，不可能包治一切，“其后四夷未附，兵革未息，三章之法不足以御奸”，“网漏吞舟之鱼”，使坏人逍遥法外。于是，“相国萧何捃摭秦法，取其宜于时者，作律九章”，恢复了部分秦法，甚至秦法中最残酷的“夷三族”之令，也继续付诸实施，使“彭越、韩信之属皆受此诛”，同样是黥、劓、刖、宫、大辟五刑俱全，其严酷程度并不逊于秦时。《晋书·刑法志》称：“萧何定律，除三夷连坐之罪。”但是，条令中没有的，并不等于客观上不存在，皇帝旨意就是法令，不受法律条文限锢。考于史实，吕后称制元年，为笼络人心，缓和矛盾，曾宣布废除三族罪及妖言令，证明在吕后称制之前的两代，尚有夷三族之罪。妖言令即诽谤罪，凡不利于统治者的言论，都有被定为诽谤罪之危险，轻者景官囚禁，重则杀头丧命，是一项阴毒莫测的法令。秦始皇曾以妖言诽谤的罪名，一次坑杀儒生460余人。西汉统治者虽多次宣布废除此令，仅是一时一事的权宜之计，不可能彻底废除，直到汉文帝即位后，才宣布废除“诽谤诋欺法”。因此，法律的宽松或严厉，是受社会矛盾的缓和或尖锐所制约的，苛法的实行或废除，取决于社会矛盾，是统治者维护自身利益、表达意志的具体手段。

汉文帝即位时，西汉经过二十多年休养生息，出现“民务稼穑，衣食滋烦”的发展趋势，社会矛盾相对缓和，是以“刑罚罕用”。其一，在统治阶级内部，危害国家安定的诸吕势力被彻底铲除，皇权复归刘姓，政权得到巩固。其二，各同姓诸侯王虽拥兵自重，独霸一方，但因各自忙于封国内部事务，积极储存力量，既不能直接与朝廷为敌，又形成不了联合对抗朝廷的力量，同中央的矛盾处于潜伏时期。其三，朝中将相皆为旧时功臣，个人利益早已得到满足，同朝廷已结成一损俱损、一荣俱荣的休戚与共的利害关系，忠贞不贰地维护刘姓天下。统治集团内都相安无事，天下自然和乐太平，成为汉文帝废除苛法、几致刑措的先决条件。特别是朝中握有实权的几位大臣，斗争经验丰富，遇事沉着果断，他们对刘邦开创的西汉政权忠心耿耿，功劳显赫，在广大民众中很有威望和号召力，诸如厚重少文的右丞相周勃，善为奇谋的左丞相陈平，能征善战的老将灌婴，擅长律历计算的御史大夫张苍等人，皆经过秦末战争考验，遇事能以大局为重，不计个人得失，不尚空论，讲求实效。其“论议务在宽厚，耻言人之过失”，不仅独善其身，而且兼济天下，对巧舌如簧的辩士摒弃不用，故而其“化行天下，告讦之俗易”。汉文帝置身这些三公九卿之中，不扶自正，欲走歧路而不能。良好的用人环境，极有助于主观愿望的实施，使其能够做到政尚简易、躬修玄默、轻刑薄罚、务劝农桑。在上者能顺民心，居下者愿为效力，其政令举措无往而不胜。故“吏安其官，民乐其业，蓄积岁增，户口寖息。风流笃厚，禁网疏阔”，“刑罚大省，至于断狱四百，有刑措之风”，呈现出安乐祥和的历史瞬间。

先是文帝前元元年（公元前179年），文帝有感于法令严苛暴民，失于过当，召集丞相、太尉、御史大夫讨论废除收律、相坐法。文帝指出：“法者，治之正，所以禁暴而卫善人也。今犯法者已论，而使无罪之父母妻子同产坐之及收，朕甚不取。”但是，周勃、陈平却认为“父母妻子同产相坐及收，所以累其心，使重犯法也。收之之道，所由来久矣。臣之愚计，以为如其故便”，明确表示不同意废除收律和相坐法。接着文帝又对他们说：“朕闻之，法正则民悫，罪当则民从。且夫牧民而导之以善者，吏也；既不能导，又以不正之法罪之，是法反害于民，为暴者也。朕未见其便，宜熟计之。”不仅坚持要改，并把法令不当的责任推到“吏”的身上。于是，周勃、陈平不敢再坚持己见，一面表示同意废除，一面称颂文帝盛德：“陛下幸加大惠于天下，使有罪不收，无罪不相坐；甚盛德，臣等所不及也。臣等谨奉召，尽除收律、相坐法。”此为文帝有轻刑之名的一项重要标志，然而很难废除，相坐法是封建社会的产物，只要封建社会存在，此法就不能废除。

汉文帝前元三年（公元前177年），中郎将张释之以贤能见用，迁升廷尉，掌管刑罚大权，处理诉讼。由于张释之持法严正，秉公无私，就连文帝不合法规的干涉也敢驳回，凡无真凭实据的疑案，一律从轻了断，故而使文帝外有轻刑之名。张释之出任廷尉不久，发生了一起惊驾案，由其处理。案情经过是：“上行出中渭桥，有一人从桥下走，乘舆马惊。于是使骑捕之，属廷尉。”张释之接过此案后，亲自审理传问，行人回答：“县人来，闻跸，匿桥下。久，以为行过，既出，见车骑，即走耳。”听完行人诉说，张释之认为此人先听到避惊传呼，躲于桥下，而后触犯惊跸法令，按津当罚金四两，于是回奏文帝：“此人犯跸，当罚金。”文帝听后，很不满意，要求严惩，怒气冲冲对张释之说：“此人亲惊吾马，马赖和柔，令它马，固不败伤我乎？而廷尉乃当之罚金！”甚不以为然，完全是打算重刑厚罚的面孔。张释之据理相争说：“法者，天子所与天下公共也。今法如是，更重之，是法不信于民也。且方其时，上使使诛之则已。今已下廷尉，廷尉，天下之平也，一倾，天下用法皆为之轻重，民安所措其手足？唯陛下察之。”张释之极力维护法律尊严，使之取信于民。文帝被张释之说得无言以对，很久才说出一句：“廷尉当是也。”法律是统治者制定的，统治者首先应遵法醇谨，执法公正。世风良莠，治安好坏，直接与统治者的执法有关，即使有好的法令，而不依法办事，也等于没有。

行人惊驾案过后，又发生一起“盗高庙座前玉环”案，并很快便将窃贼抓获。文帝又一次动怒，将案犯交廷尉严治。张释之依据案情，衡以法令，很快作出判处：“案盗窃宗庙服御物者为奏，当弃市。”文帝见奏大怒，斥责张释之说："人无道，乃盗先帝器！吾属廷尉者，欲致之族，而君以法奏之，非吾所以共承宗庙意也。"文帝显然是要继续推行夷三族之法。此前，文帝亲自宣布废除此罪，当为定制，然而本身又有法不依，任意更张，属吏还有何法可守？张释之见到文帝发怒，赶忙脱帽磕头谢罪，小心翼翼地解释说："法如是足也。且罪等，然以逆顺为基。今盗宗庙器而族之，有如万分一，假令愚民取长陵一抔土，陛下且何以加其法乎？"对于张释之如此坚持法令原则，不唯上命是从，文帝也无可奈何。随后，文帝又将此事告知薄太后，结果，还是认为廷尉判处正确，批准弃市。天下人见张释之敢于多次纠正文帝有法不依的行为，都称颂他持议公平，执法严明，不愧为一代贤能廉明的大法官，而文帝轻刑之名，不无掠廷尉之美。

汉文帝十三年，文帝下令废除肉刑，之所以颁布这个法令，是因为一段感人的故事。

"三王德弘薄，惟后用肉刑。太仓令有罪，就递长安城。自恨身无子，困急独茕茕。小女痛父言，死者不可生。上疏诣阙下，思古歌鸡鸣。忧心摧折裂，晨风扬激声。圣汉孝文帝，恻然感至情。百男何愦愦，不如一缇萦！"班固的这首叙事诗充满了感情，讲述了少女缇萦以身赎父，感动汉文帝废除肉刑的故事。

淳于意，齐国临淄人，曾为齐国太仓长，故又被称为太仓公。他年少时即喜好医术，高后八年（公元前180年），曾拜郡阳庆为师，阳庆年岁已老，又没有子嗣，因此对淳于意毫无保留，将各种秘方医术全传给了他。淳于意三年出师以后，广游各诸侯国。

缇萦上疏

汉文帝十三年，有人上疏告了淳于意的状，淳于意被官府抓了起来。官府要押解他去长安，他的五个女儿都跟在后边哭，淳于意很恼怒，骂道："生孩子也不生个男的，关键时刻一个也没用！"父亲的话使小女儿缇萦听了非常伤心，就跟着淳于意到了长安，并上疏汉文帝说："我的父亲是一个廉洁公正的官吏，如今要遭刑法，是因为犯了法。我感到很痛心的是人死了不可能再生，使用刑法对他也就没有什么用了，虽然想改过自新，也没有机会了。因此，我愿意做个宫婢来赎父亲的刑罪，使他能有改过自新的机会。"汉文帝见到这个上疏后，被缇萦的孝行所感动，赦免了淳于意的刑罪，并下令废除肉刑。

秦代的刑法比西汉严厉，汉统治者认为秦法太严是秦亡国的一个重要原因，因此刘邦灭秦之后，首先就废除秦朝的严刑峻法，重新制定汉朝的法律。刘邦一入关，即约法三章："杀人者死，伤人及盗抵罪。"但由于三章之法太过简单，几年后，秦法中可用的部分被萧何拿出来，并加增补，作律九章。惠帝、高后时期，萧何、曹参先后为相，倡导不用刑罪，而采用与民休息的黄老政策。汉文帝即位后，德政进一步推开，其时，主要的将相还大多是开国功臣，这些人对秦亡的教训记忆犹新，都倡导无为而治，力主宽厚，于是"吏安其官，民乐其业，蓄积岁增，户口寖息，风流笃厚，禁罔疏阔"。文帝还任命张释之为廷尉，各种刑罪都从轻发落，很少用各种刑罚。

汉文帝看了缇萦以身赎父的上疏后，下令说："今虽有黥、劓、刖三种肉刑，但仍然有人以身试法，这到底为什么呢？并不是我的德行少，而是没有很好地教导啊！我感到很惭愧。训导不好，百姓才会犯罪，《诗经》上说‘开明宽厚的君主是爱护百姓的父母，现在有人犯了罪，还未对其教化就用上了刑罚，即使他们想改过自新、弃恶从善，也没办法了。我很怜悯他们。用了肉刑之后，人的肢体残废，体无完肤，再也长不起来了，肉刑如此地使人痛苦，这怎么能体现官为父母的本意呢？要废除肉刑，刑罚要用别的方法来代替。只要罪人不逃跑，服够刑期就可免为庶人，要把这一条写进法律里去。”

根据文帝的旨意，丞相张苍、御史大夫冯敬改定了一套律法，基本上都比原先的刑罚轻了些，如原要割鼻子的，现在只打三百下；原来应该斩去脚趾的，现在只打五百下；原应刺面的，现在改为去做苦工等。

文帝被缇萦的孝心所感动，因此，下诏废止除宫刑以外的所有肉刑。其实，减省刑罚是惠帝以来的一个趋势，顺应这一趋势的结果就是文帝废除肉刑。但是，文帝是以竹板笞打代替肉刑，犯人往往经这几百板子，非死即伤。所以当时就有人说：“文帝的这一决定是徒有轻刑之名，致人死伤却成了这样做的客观结果。”当然这应该不是文帝的初衷。

文帝诏问淳于意

文帝赦免了淳于意的罪刑后，诏问了他一系列问题。

文帝问：“你在医术方面有何特长？能治什么病？有医书没有？学了几年工，都在哪里学的？试验过医术没有？给哪些人看过病？看的是什么病？”

淳于意回答：“我喜好医药是从少年开始的，但一直没有名师指点，疗效甚差。到了高后八年，拜阳庆为师学习医术，阳庆对我说：‘把你那些没用的药方书都扔掉吧，我有黄帝、扁鹊留下来的脉书，能看五色诊病，判断是否可治，知人生与死，还有论药的书，我决定把这些药方书都传给你。’听了此话，我觉得非常幸运，再三感谢，接受了脉书奇咳术、五色诊、上下经、揆度阴阳外变、石神、药论、阴阳禁书等。读懂这些东西需要一年时间，第二年即试着使用，但还不精通，三年后，即正式为人治病，就有把握诊病决生死了。”

淳于意回忆道：“我曾给济北王的侍者诊脉。诊到一个叫竖的女子时，当时看她身上没有什么病，但我告诉济北王说：‘竖伤了脾，到了春天她就会吐血而死。’我问济北王：此人有何技能？国王说：‘她的技能很多，当年从民间将她买来时花了很多钱，难道她也有病吗？我说：‘她的病很重，活不过明年春天。’济北王召来了竖，却不以为然，因为见她脸色正常，但是到了春天，竖果然吐血而死。她大量流汗的体征告诉我此人有病在身。爱流汗的人，脸色毛发都很亮且有光泽，表面上看很正常，脉也正常，但实际上病却很重。

“淄川王病了，召我前去诊脉，对我说：‘头疼发烧，呼吸困难，心中烦闷。’我用冷水敷其头，用针尖刺其脚上的阴阳脉，病很快就好了。他的病是因洗了头发，不等干了就躺下而引起发热的。”

像这样的例子，淳于意一共列举了二十五例。因为病例太多，时间长了已不记得，因此，他自己也不能全部列举出来。

文帝问：“你所诊治的这些病，虽诊断不同，但病名一样，为什么有的病人死了，有的病人没有死？”

淳于意回答说：“有很多病名相差不多，这是古人传脉法留下来的，懂医术的人能分辨出来，不懂医术的人就分辨不出了。”

文帝问：“你能根据病情判断是死是生，用药也很精通，那么诸侯王大臣里有找你看病的吗？齐文王病时，为什么不找你诊治？”

淳于意回答：“赵王、胶西王、济南王、吴王都派人来找我，但我

不敢去。文王病时，我的家还很穷，想为人治病，又怕被地方官吏留住任职。离家出游后，先后拜了几个师父，把他们的医术全学了下来，后在阳虚侯国居住，侍候阳虚侯。阳虚侯入朝时，我就跟随他到了长安，这样才能断断续续地给一些人治病。”

文帝又问：“阳庆是你的师父，他的师父是谁呢？阳庆是否闻名于齐国和各诸侯国？”淳于意回答：“我不知阳庆是跟谁学的医术，阳庆家中很有钱，虽擅长医术，但不肯为人治病，因此，不是很有名。”

文帝问：“你是否收了徒弟？是否毫无保留地把医术传授给他们呢？”

淳于意回答：“宋邑是临淄人，要从师于我，我教了他一年多的五诊疗法。济北王派太医高期、王禹来学习经脉之学，我教了他们一年有余。临淄人唐安来学习，我教他诊脉、治咳等，虽没学成，他还是被任命为齐王侍医。”

文帝问：“你诊病定生死，有没有失败过？”

淳于意答：“我给人治病，在治疗之前，一定要先为其切脉。我只治脉顺者，经脉不顺的我不治，若不精通诊脉，就很困难了，失败的可能性就大了。”

这就是汉文帝废除肉刑的具体经过。

丞相张苍和御史大夫冯敬得到文帝废除肉刑诏令后，立即草拟具体条文，奏请皇帝核准实行。其中，当受黥刑者，改成髡钳为城旦舂，即不在面部刺字，而将头发剃光，以铁箍束颈，然后发配修筑城垣或舂米等劳役；当受劓刑者，改为笞三百，即免予割掉鼻子，而打三百棍；当受刖刑斩断左脚趾者，改为笞五百，即不砍断左趾，而打五百棍；当受刖刑斩断右脚趾者，以及杀人自首、官吏受贿枉法、监守自盗等，罪名一经成立，而又犯有笞刑之罪者，一律判处死刑，斩首示众。这些条令，立即得到文帝批准，以法律形式宣告废止肉刑，使自周秦以来，延续一千余年的黥、劓、刖刑被废除了，这是中国历史的一大进步，它有利于犯人改过自新，维护人的尊严。

景帝即位元年（公元前156年），在文帝宣布废除肉刑基础上，又进一步轻刑薄罚，减笞五百为三百，笞三百为二百。至中元六年（公元前144年），又因“酷吏奉宪失中，乃诏有司减笞法，定箠令”，重新制定杖刑，规定减笞三百为二百，笞二百为一百。丞相刘舍、御史大夫卫绾向景帝奏请：“笞者，箠长五尺，其本大一寸，其竹也，末薄半寸，皆平其节。当笞者笞臀，毋得更人，毕一罪乃更人。”使受刑者免于因笞致残，仅是皮肉之苦。减笞法的颁布，也标志文帝宣布废除肉刑而改为笞刑后，甚至比肉刑更残酷，三五百棍打在一人身上，轻则致残，重则丧命，反不如肉刑为轻。因此，《刑法志》中又称文帝“外有轻刑之名，内实杀人”，尤其是将斩右趾的酷刑变为处死，非但不减，反而加重了处罚。景帝虽然看到了文帝轻刑的实质，下令减笞刑，但酷吏们以笞刑为威，不认真执行箠令笞法，任情毒打犯人，致使文景以后肉刑继续存在，司马迁被汉武帝处以宫刑，就是肉刑的一种，使人变成残废。因此，汉代所谓废除肉刑与几致刑措，只是对秦朝苛法相对而言，并无实质上的不同。

取消关传设关卡

古代中国，是个长期封闭型的封建帝国。究其原因，固然与自然地理环境有关，但更主要的还是受社会政治和经济条件的制约。自周朝建立后，实行列土分封以来，诸侯邦国林立，割据一方。各诸侯王为固守封疆，防止外部入侵，加强对内部管理，征收关税，沿疆修长城、立边墙、设关卡，将所辖领地封闭得严严实实，外面的人不得随意进来，里面的人也不能随便出去。正因如此，汉字的创造者将国字分别写作图、囵、圆（古文域与或通），形象地表达国的封闭特点。

秦始皇统一中国后，废除分封，实行郡县制，修驰道以通远方，拆除各国与国之间的长城界墙，结束诸侯割据局面。但是，为了控制全国各地，保卫京城安全，仍“循津关，据险塞，缮甲兵而守之”。除北修长城外，于四方要塞处皆设立关卡，屯兵把手，防患于未然。由于这些关卡的设立，极不利于各地间的自由往来，出入必须得到官府批准，领取过关符节，即所谓的“传”，过关时验证放行，持传而过。虽然对稳定政治局势和军事安全具有一定积极作用，被视为必不可少的举措，但是，关卡林立，严重限制了地区间的经济贸易和文化交流，甚至临国之间鸡犬相闻，老死不相往来，阻碍了经济文化的发展，利与弊都很明显。

西汉开国以后，继续维持秦朝时所形成的地方格局，各地所设关卡一仍其旧，发挥固有作用。韩信和英布等各异姓王相继被诛灭以后，余下的诸侯王与朝廷虽为一姓，但作为中央同地方的矛盾仍然存在，各自为巩固既得利益，壮大势力，都把对方视为最大障碍，通过关卡来限制对方，保护自己。再者，境外各异族势力，时有入边侵盗危险，也须在险要处设关驻兵把守，防止异族入侵。特别是在北部边境地区，关卡的作用主要是军事目的，而征税等仅是附带性措施。

秦与西汉都以关中地区为全国政治、经济、文化中心，十分重视关中地区的安全防卫事宜。自古对关中地区的威胁主要是来自函谷关以东的关东地区和荆吴诸国，故而皆于京师以东设函谷关、武关，置关都尉，驻重兵，扼守咽喉，控制行人往来。紧急时，一旦失守，大势已去，关中不保。刘邦、项羽等入武关后，势如破竹，顷刻秦亡；汉景帝时，吴、楚七国叛乱，刘濞不听大将田禄伯夺取武关建议，而太尉周亚夫抢先出武关，大败吴兵，叛军覆灭。足见武关是重要的战略要塞，关系到天下安危。

内地其他各郡国，为了维护地方治安，征收过往商税，也常于交通要道设立关卡，仅上党郡就设有壶关、石研关、壶口关、天井关等。关卡如此之多，在一般正常形势下，必然是弊多利少，人为地使各地处于自我封闭状态，形同割据。

边境地区所设各关，既是军事防御要地，也是对外交往的门户，作用十分重要。其中位于北部上谷郡的居庸关、代郡的常山关和五原关，是抵御匈奴与东胡势力的重要军事要塞；西部敦煌郡的玉门关和阳关，两关南北并峙，近在咫尺，各自扼制一条东西往来的通道，是中原与西域36国交往的必经之路；南部九真郡的界关、苍梧郡的离水关、合浦郡的合浦关等，虽设置较晚，对全局影响不如其他边关重要，但仍具有控制一方形势的作用，不可缺少。

西汉前期，尽管从刘邦时即推行重农抑商政策，注重农业生产，把足兵足食作为治国大政方针，视商贸为末业，人为加以限制。但是，客观上随着国家的统一、战乱的结束，举国上下致力于生产的恢复与发展，各行各业都出现了转机，并按自身规律前进。特别是当农业生产逐渐得到恢复，人口迅速增长起来之后，人们的物质生活需求也随之提高，不可能长期停留在仅仅是吃饱肚子和不露肉的水平上。而且各生产者之间，更需互相交换所生产出来的产品，进一步满足生产和生活的需要。也正因这种需要和交流，刺激着商业的发展，使商业步步走向繁荣。

至汉文帝前元十二年（公元前168年）三月，为了顺应经济发展形

势，在不损害务本重农政策的前提下，文帝宣布“除关无用传”，放宽对商人往来的限制，减少对商业发展的束缚。汉景帝称这一举措是“通关梁，不异远方”，使“利泽施四海，靡不获福”，真正体现了天下一家，往来无阻，不分远近，任凭驱驰。司马迁对此也倍加称颂，指出：“汉兴，海内为一，开关梁，驰山泽之禁，是以富商大贾周流天下，交易之物莫不通，得其所欲。”因此，取消关传，直接促进了商业发展，使经济走向繁荣，其中收益最大者莫过于关中地区。

关中地区，地处天下之中，不唯四方辐辏，而且膏壤沃野千里，其民好稼穑，植五谷，农业生产素有开发，衣食丰足。但是，不利条件是“地小人众”，不能只靠农业生产活着，“故其民益玩巧而事末业”，即精于手工业制作和经商贸易。自周秦以来，特别是汉兴除关梁之禁以后，涌现出许多富商大贾，充分利用关中特有的地理条件，与四方开展商业贸易。其西接陇蜀，可通羌中畜牧皮毛之利；南通褒斜栈道，可与盛产漆木的巴蜀交易；北临戎翟，可收畜牧之饶；东通三晋，可与赵、魏、韩富商互惠互利。因此，司马迁曾称：“关中之地，于天下三分之一，而人众不过什三；然量其富，什居其六。”如此富甲天下，实赖于商业的发达，而取消关传，是经济发展的重要措施。

西汉至文帝时，商业发展已有一定规模，并呈上升趋势。按晁错所说，其“商贾大者积贮倍息，小者坐列贩卖，操其奇赢，日游都市，乘上之急，所卖必倍”。由于经商获利可观，故而经商者日众，而且商人财富越积越多。富裕起来的商人，虽无达官优厚俸禄和王侯彩邑之食，而其享乐却可与之相比，被称作“素封”，衣食住行，皆无忧无虑。“其男不耕耘，女不蚕织，衣必文采，食必粱肉；无农夫之苦，有千百之得”。在社会中的地位，“因其富厚，交通王侯，力过吏势，以利相倾；千里游遨，冠盖相望，乘坚策肥，履丝曳缟”。同以往相比，大有天壤之别，令人刮目相看，在社会生活中引起强烈反响。

商业的发展，引起了人们思想观念的转化，许多人意识到经商是贫者致富的最好途径，有所谓“用贫求富农不如工，工不如商，刺绣文不如倚市门”的民谣，把商业摆在致富的首位。但是，由于传统偏见主宰着统治者的意识，一直视经商是末业而加以歧视，经常把农民离开土地，改行从事其他行业归罪于商人兼并的结果，而且被看作是社会不安定的主要根源。因此，统治者千方百计压制商人，限制商业发展，其结果更是贻害无穷，使中国社会缓慢向前移动。

汉文帝“除关不用传”的诏令仅实行了15年，至汉景帝前元四年（公元前153年）春，平定吴楚七国之乱后，景帝惊魂未定，害怕诸侯王再起，格外加强戒备，“复置诸关，用传出入”，限制行人自由往来，加强盘查，以防图谋不轨者混入京师。此项诏令虽然主要是出于政治考虑，但却给商业贸易带来了不便，商人不能随意到四面八方进行买卖。至景帝中元四年（公元前146年），御史大夫卫绾又奏：“禁马高五尺九寸以上，齿未平，不得出关。”即不许壮实的好马出关，以确保军事需要。这仍是一种政治性措施，但所带来的影响又损害了商业发展。在商业运输主要靠车马的时代，不许壮实的好马出关，无疑也是对商人的重大打击。

汉武帝初期，欲推行儒术，起用儒者，曾一度驰关梁之禁，允许人们自由往来。但是不久，由于外事四夷，内兴功利，役费具增，很快出现财政困难。为了增加政府财政收入，支付庞大开销，遂下令“益广关，置左右辅”，到处设置关卡，委派专官，收缴关税。此时过关是否用“传”，已变得不那么重要了，征税则成了主要目的，继续给商业贸易带来打击。在正常情况下，征收关税具有平衡物价，保护生产，稳定经济形势以及增

加国家财政收入等积极意义，设置官卡是必要的。但是，西汉前期的关卡一是受重农抑商政策影响，二是受政治方针左右，二者都对商业发展起抑制作用，唯文帝取消关传时期，大有促进商业贸易发展的积极作用。而汉武帝广设关卡，直接向商人索取钱财，不利于商业发展。

崇节俭思安百姓

中国人在长期经济生产和社会实践中，靠勤劳节俭积累财富，创造辉煌，推动历史前进，逐渐养成崇尚节俭之风，成为中华民族高尚的传统美德。

历代许多杰出的政治家和思想家们，都把节俭作为兴家治国之道，而视奢侈为败家丧国之畏途，故极力倡导节俭，身体力行，建成千秋伟业。大凡统治者能厉行节俭的时代，国运兴隆，社会稳定，百姓乐业。相反，统治者沉醉于奢靡时，国运衰败，社会动荡，民不聊生。从夏后帝启继统，到清朝末帝溥仪退位，在数千年的中国古代社会里，有数百名王和皇帝，主宰着中国历史命运。其中不乏文韬武略，励精图治，建不朽业绩，领一代风骚者。汉文帝便是这些佼佼者中的一位。

汉文帝虽功不及秦皇汉祖，德逊于夏禹周文，然而却以躬修节俭、思安百姓著称于世，被誉为好皇帝，树为统治者的榜样，在中国封建社会里享有盛名。

前元元年（公元前179年）三月，汉文帝诏令振贷鳏寡孤独及穷困百姓，使其得以维持生计。明令各郡县，对“年八十以上，赐米人月一石，肉二十斤，酒五斗。其九十以上，又赐帛二匹，絮三斤”，并使所在郡县长吏亲自过目后，督责尉丞致送。此项纪事，表面上看似有舛误，所赐大于所需，又非官府财力所及，给人以不实之感。但细绎其情，又完全可能：一是人生七十古来稀，在汉代八九十岁的老人凤毛麟角，万不得一，故此项诏令仅是象征性措施，不具普遍意义；二是自战国以来，各国倡导法家主张，贵壮贱老，寡于亲亲之恩，怠于尊尊之义，致使世风浇薄，恩义断绝，并直接反映在统治者身上，屡有犯上作乱事件发生，严重危及封建统治秩序的稳定。因此，汉文帝推行孝亲养老政策，具有重要的现实政治意义，从根本上醇化社会风气，强化统治基础，让人们循规蹈矩，习惯于走前人老路。

同年四月，汉文帝又从自身做起，拒收献物，以煞送礼之风。当时曾有人来向皇帝献千里马，文帝说：“鸾骑在前，属车在后，吉行日五十里，师行三十里；朕乘千里马，独先安之？”这两句话，既说得实际，又很有哲理，深知自己寸步离不开群臣，一旦乘坐千里马，势必远离群臣，成为我行我素的孤家寡人。于是，汉文帝命令退还千里马，并发给路费，使其免受损失。随后又下诏：“朕不受献也，其令四方毋求来献。”禁止官吏烦扰百姓，搜求天下奇物玩好，以物质讨好皇上。后世的汉武帝，为了得到西域所产千里马，不惜兴师动众，派兵远征，耗费人力物力，以满足渴求良马的欲望，同汉文帝形成鲜明对比，产生截然相反的作用。皇权至上，人欲无穷，今天接受一匹千里马，明天可能会有十匹二十匹来献，收授双方竞其所为，势必误国害民。

前元二年（公元前178年）十月，诸侯坐享京城，无所事事，每年需有大宗钱物由封国运至京师，供其使用，汉文帝为了约束这种情况，号令诸侯回到各自封地去，以节省财政开销，减轻百姓负担。早在刘邦生前，为了夺取楚汉战争胜利，巩固统治政权，曾广封功臣和宗室为列侯，以高官厚禄网罗人才，培植势力，以控制各地局势，先后有近160人获得封侯，食其爵禄；惠帝及吕后时，又相继封40余人为列侯。列侯数量有增无减，百姓负担随之增多。汉文帝即位后，亲眼看到诸侯留居长安，游手好闲，坐食封禄，百姓备受给输之苦。同时，列侯们远离封邑，“无由教训其民”，更不了解百姓疾苦，无法有效理民治国，控制各地局势。因此，汉文帝下令列侯之国，不得在京城逗留。对于身兼朝廷官职和少数得到皇帝特许留京的列侯，可不必亲自居住在封邑，继续留在京城，但须遣其太子之国，代尽父责。至三年十月，虽经过一年多的时间，此项诏令并未得到很好贯彻落实，许多列侯依然留在长安，不肯遵令之国。于是，汉文帝采取强硬措施，罢免了绛侯周勃的丞相官职，令其带头率列侯之国。周勃遵命，乖乖离京，前往封邑绛县居住，其余大小列侯也纷纷离京之国。

列侯之国，虽可减少百姓给输费苦，有效掌握封邑情况，但事物往往是有一利也有一弊。列侯们远离京城，天高皇帝远，失去皇帝直接约束，更有机会为所欲为，侵害百姓利益，导致皇帝对列侯失控。周勃回到绛县后，“每河东守尉行县至降，绛侯勃自畏恐诛，常被甲，令家人持兵以见”。如此作威作福，擅自以兵自卫，显然是与朝廷持敌对态度，失去了信任和忠贞。因此，有人告发周勃谋反，文帝便下令将其逮捕，交廷尉治罪，引起一场朝野瞩目的政治风波。幸好周勃的儿子娶文帝之女为妻，令儿媳妇请国舅薄昭和薄太后出面说情，为其开脱，才算了事。历代皇帝对封疆大吏失控的事例很多，造成巨大损失。汉文帝把周勃等很有影响的老臣也赶出京城，虽起到了率领列侯之国的带头作用，然而却使君臣离心，互相猜疑，非是英明之举。

汉文帝躬修节俭、思安百姓政策，还体现在人尽其才、物尽其力，减少对人才的浪费上。历代最大的奢侈，莫过于人才的浪费，许多才能之士闲置不用，拒于门外。汉文帝前元十五年（公元前165年）九月，“诏有司诸侯王、三公、九卿及主郡吏，各帅其志，以选贤良明于国家之大体，通于人事之终始，及能直言极谏者，各有人数，将以匡朕之不逮”，以期对上之不听、吏之不平、政之不宣、民之不宁等有所补救。因此，在文帝时，一些有识之士获得进身机会，出仕为官。

汉文帝本人还是位身教重于言教的典范，他在谆谆告诫群臣“务省徭费以便民”的同时，又诸事先从自身做起，为群臣树立务省徭费以便民的榜样，其“身衣弋绨，所幸慎夫人衣不曳地，帷帐无文绣，以示敦朴，为天下先。治霸陵，皆瓦器，不得以金银铜锡为饰，因其山，不起坟”。为节省军费开支，裁减护卫亲兵，“罢将军”。对太仆所掌管的舆马，按需留用，多余的分给驿站，供各地往来传乘。群臣曾建议修筑一座露台，供皇帝登临以观天象。汉文帝召来工匠，计算造价，预计需用百金。文帝感慨地说：“百金，中人十家之产也。吾奉先帝官室，常恐羞之，何以台为！”立即取消建露台之打算。

最难能可贵的是汉文帝将节俭安民政策贯彻始终，至死不渝。后元六年（公元前158年）夏，天下大旱，飞蝗成灾，农业歉收，生民乏食，国家财政也随之产生困难。汉文帝同百姓一道承受天灾，渡过难关，诏令诸侯免予朝贡，减少地方负担；开放山林池泽之禁，为百姓创造生产自救条件；削减宫中服御费用，诸事从简；裁减郎吏员额，缩小行政开支；开仓放粮，赈济灾民，等等。汉文帝事事为百姓着想，把天下利益放在首位，赢得了百姓的爱戴。

至后元七年（公元前157年）夏，汉文帝在临终前，念念不忘百姓生计，留下遗言，教诲臣民丧事从简：无使“厚葬以破业，重服以伤生”，

“其令天下吏民，令到出临三日，皆释服”，“经带无过三寸，无布车及兵器，无发民哭临宫殿中”。从六月己亥驾崩于未央宫，至乙巳葬霸陵，汉停灵7日，树立一个完美的节俭安民形象。

汉文帝的节俭之风，对后世颇具影响。数百年以后，唐太宗以汉文帝为榜样，“乃纵禁苑所养鹰犬，并停诸方所进珍异，政尚简肃”。当公卿奏请建造一阁，供皇帝居之避暑时，唐太宗又对公卿们说：“若遂来请，靡费良多。昔汉文帝将起露台，而惜十家之产。朕德不逮于汉帝，而所费过之，岂谓为民父母之道也。”驾临洛阳时，又“命祭汉文帝”，缅怀这位节俭安民的好皇帝，将其作为自己的榜样。汉、唐两代，正是在汉文帝、唐太宗政尚节俭，思安百姓的政策下，分别将汉唐引向全盛，成为中国历史上两个辉煌的时代。

第七章 景帝登基

“天地不仁，以万物为刍狗；圣人不仁，以百姓为刍狗。天地之间，其犹橐籥乎？虚而不屈，动而愈出。多言数穷，不如守中。”汉景帝刘启受其父的熏陶，也力推无为而治，与其父一起成就了文景之治，使国家达到了空前的繁荣。

文帝的晚年生活

汉文帝一生信奉老子的《道德经》，运用老子“无为”的思想理论来治天下，他热衷于求道，于是就有一些旁门左道之人趁机来浑水摸鱼。这里得提两个代表人物。

1. 公孙臣

公孙臣千里迢迢从鲁地到京城，对汉文帝首先吟了一隐诗：“道可道，非常道。名可名，非常名。无名天地之始，有名万物之母。故常无欲，以观其妙；常有欲，以观其微。此两者同出而异名，同谓之玄，玄之又玄，众妙之门……”

原来是“同道”中人啊。汉文帝对这个公孙臣的第一印象非常好，于是请公孙臣上坐。

公孙臣坐下后，言归正传，直接对汉文帝提了一条有关“国家命脉”的建设性意见：“秦得水德，汉在秦后，当为土德，土是黄色，不久必有黄龙出现，请陛下下令将文武大臣的衣服一律改成黄色，以应天命。”

汉文帝很重视这件事，就询问丞相张苍（接灌婴的位）此事。张苍却道：“秦时明月汉时关。秦汉本就是一家，秦朝是水命，汉朝亦是水命。”

汉文帝见两人意见相左，不好裁决，便暂且搁下这件事，他的意思是得用事实来说话。而事实证明张苍在治国安邦方面很厉害，但在故弄玄虚、装神弄鬼方面，还是有“备”而来的公孙臣更胜一筹。

文帝十五年（公元前165年）春天，陇西的成纪说他们那里有黄龙出现，有地方官吏为证（很怀疑是公孙臣从中作梗）。这回汉文帝想也没有想，就信以为真，便马上封公孙臣一个大官来做：博士。

从此，公孙臣一跃成了汉文帝的宠臣，而张苍却被打入了冷宫。汉文帝可谓大事聪明，小事糊涂。这样的后果是：封了一个公孙臣，来了更多公孙臣。

2. 新垣平

赵国的新垣平，从小就干鸡鸣狗盗、骗钱骗色的事。听说汉文帝宠爱公孙臣这样的“得道中人”，便胡乱学了几句术语就上路去京城了。汉文帝听说有个得道高人求见，此时已“走火入魔”的他自然来者不拒了。

“臣望气前来，愿陛下万岁！”新垣平一出场就显得与众不同。

“你望见什么气了？”文帝顺着他的意思问道。

“长安东北角上，最近有神气氤氲，结成五彩。臣听说东北是神明所居住的地方，现在有五彩会聚，分明是五帝在那里。这是上天对咱大汉的厚爱啊！陛下可就地立庙，以求永得神明保佑啊！”

这些骗人的话，按理说像汉文帝这样聪明的人，一眼就能识破，但他素来信妖魔鬼怪。当年满腹经纶的贾谊总想用自己的真才实学打动汉文帝，以得重用，但不料，汉文帝除了对他的“鬼话连篇”感兴趣外，对其举世名篇《治安策》和《过秦论》都不是那么热衷，直到贾谊感伤至死后，才进一步实施“与民休息”政策，也算是对贾谊在天之灵最大的安慰了。

但此一时，彼一时，如今朝政稳定了，百姓安居乐业，“胡强南劲”又得到安抚，四海升平，汉文帝“饱暖思神灵”。听了新垣平的吹嘘之后，文帝二话不说，就让他负责在五彩聚集的地方建造庙宇。这下，新垣平便充分发挥其与生俱来的建筑方面的才能了。从选地到大兴土木，他极尽奢侈之能事。

庙宇建成后，汉文帝亲自去验收，但见那庙宇气势庞大，祠堂中共设“东、西、南、北、中”五个殿，并配有青、黄、黑、赤、白五种颜色。黄帝居中，设汉为土德，但见里面香烟缭绕，阴霾至极，人在其中便如身在云里雾里一般。

“好一片祥云的瑞气啊！”薪垣平抓准时机来了这么一句。这句马屁拍得正是时候，汉文帝闻言大悦，当即封新垣平为上大夫。

两个“布衣”一跃实现了鲤鱼跳龙门，看来汉文帝就是汉文帝，当真是不拘一格用人才啊！随后在新垣平的“帮助”下，汉文帝又干了三件震古烁今的事来。

第一件，在朝廷最重要的午门边建造五座帝坛。为了让汉文帝更加信任自己，新垣平开始装神弄鬼，一次在午门弄了“五帝下凡”的怪事。据后来汉文帝回忆说，他当时只看见路边站着五个穿着青、黄、黑、赤、白的人，只一恍惚间就不见了。文帝以为五帝真的下凡来了，也不管朝中文武百官上朝方便不方便，在午门外筑起五座帝坛，用猪、牛、羊、马等牲畜来祭祀。

第二件，把文帝十七年改为元年（汉史中称后元年）。好端端的为什么要改年份呢？这还得“归功于”新恒平。新垣平只说了一句话，就让汉文帝作出这样的惊世之举。“太阳一天之中能两次直射大地。”按他的话的意思，就是每天的太阳可以东边升起然后东边落下，或者从西边升起从西边落下了。这样荒谬的话连小学生也知其真伪，但那时已陷入魔道的汉文帝却信以为真，于是下诏改元，以顺天意，诚为悲也。

第三件，在汾阴建造庙宇。自从新垣平在朝廷“东南边”花重金建造了一座供五帝祭祀的“庙宇”后，因为得到了汉文帝颁发的“神仙许可证”，一时间前来参观的人络绎不绝，新垣平于是充分发挥“经商”的头脑，在他的“提示”下，汉文帝又在午门开了一家分店。因为午门是朝在文武百官必经之地，那里的五座神庙的生意自然也火的不得了。

新垣平并没有因此就满足。他又建议汉文帝在汾阴的水上再建造一座庙宇，理由是：旷世之宝周鼎沉入泗水多年了，他见汾阴有金玉之气，想是周鼎又要重出江湖了。

汉文帝问：周鼎不出，谁与争锋。

新垣平答：周鼎不出，庙宇先行。

眼看左一个庙、右一个庙、东一个庙、西一个庙、上一个庙、下一个庙，这庙宇修得没完没了，是可忍，孰不可忍？在朝中终于有人忍无可忍了，到汉文帝那里状告新垣平了，罪名是：装神弄鬼，满嘴胡话，欺君罔上，罪不可恕。

汉文帝被当头浇了一盆冷水，霎然从魔道中清醒过来。于是沉默了多时的张释之该出场了。

这个全国最高司法厅厅长兼最高人民法院院长对新垣平进行了突审。新垣平装神弄鬼有一套，但在张释之软硬兼施的突击下，他的心理防线便彻底崩溃了，如实交代了自己“行骗”的全过程。结果可想而知，新垣平不但被砍了头，而且还连累到家族老小。正验证了一句古话：善恶到头终有报。

不久，公孙臣也被汉文帝赶回老家了。行骗的风波虽然被制止了，但汉文帝的噩梦并没有就此结束，一个叫邓通的小人又浮出了水面。

无才无德被重用

邓通，蜀郡南安人。

邓通土生土长在农村，又没有一门技术，按理说一般人都会选择“脸朝黄土背朝天”来过一生。但邓通却并没有守在那个穷山村，而是决定到外面的世界去闯一闯。他的目标很明确，选择直奔当时的政治、经济、文化中心——长安。天子脚下好乘凉，他当时是这样想的。但一进京城他就傻了眼，这长安城虽然很大很大，大得让他有点头晕目眩，但天大地大，这长安城却哪有他邓通的容身之地啊！

达官显贵他一个也不认识，想经商又没有本钱。悲观绝望之下，他来到了一座桥上，跳河之前，他忍住悲痛，唱了一首千古绝唱。歌词现在是无法考证了，反正是得到了许多听众的认可，因为桥下传来了稀里哗啦的掌声。邓通一看，桥下聚了十来条船，船上的人都在为他鼓掌，他们异口同声地道：“你的歌真好听，唱出了我们做水手的心声啊！”

就是因为这首歌，邓通不用再跳河了，因为他得到了一份来之不易的工作：黄头郎。黄头郎，便是御船水手，当时的水手都戴黄帽，故有黄头郎一称。

做水手虽然苦了点、累了点，但好歹有饭可吃，有衣可穿，不用再夜宿街头了。随后的日子便如流水般流逝，他原本以为他的一生就这样定型了，做一个默默无闻的水手一直到老。然而，有的时候命运就是这样，运气不好时不要强求，运气好时挡都挡不住。

就在他因为肯吃苦卖力，上级有关部门决定把他升迁为船长的时候，汉文帝的一个梦彻底改变了他的命运。

汉文帝从“魔教”中成功解救出来后，便迷上了做梦，做梦倒也罢，偏生这天晚上他做了个奇怪的梦——飞天。

“飞天梦”故事简介：在梦里，汉文帝首先唱了一首歌：我要飞得更高啊！我要飞得更高。一曲未毕，他便真的飞了起来，到后来腾云驾雾，也不知翻过了多少山，穿过了多少云，突然眼前一亮，有一根顶天立柱，上面赫然写有两个令人无比神往的金黄大字：天界。

想到就要上天了，汉文帝心里那个激动，简直没法说。他加快速度朝天界奔去，越来越近，越来越近，眼看天界近在咫尺，他用尽全力一脚朝天界跨去，但令他始料未及的是，那看似不高的台阶，这一跨竟然没有跨上去……

他试了九百九十九次，每一次都是以失败告终。盈盈一台阶，跨跨不得上。他已经绝望了，不抱一点希望地做了最后一次尝试，准备凑齐了一千次这个整数便打道回府。这一次仍然一样，他跨到一半，就已经到了极限，眼看身体就要往下跌，正在这时，突觉微风拂面，一股强大的力量从背后传来，汉文帝不知从哪里来的力量，奋力向上一跃，等他落下时，天界两字已被他踩在脚下了。他再回头去寻恩人，但见那人只剩下一个背影，看不见面目，隐约可见他身上的衣服褴褛破烂至极而且还有一个很大的洞，但头上戴着一顶黄灿灿、亮晶晶的帽子光彩夺目……

黄头郎？原来是个水手帮了我啊！

南柯一梦结束后，急于应梦的汉文帝开始来个千里大寻人。

汉文帝亲自出马，叫御船上的所有黄头郎都集合在一起，挨个察看。

轮到邓通时，众人都笑了起来，别人的衣服虽然脏了些破了些，但好歹缝缝补补后不至于袒胸露背，但邓通的衣服东破一块、西破一块倒也罢，背后那个黑洞简直就和老鼠洞如出一辙。

然而，众人的笑声很快就停止了，因为原本一直凝神端坐的汉文帝这时突然跳起来，大喝一声："停！"

邓通被汉文帝惊天地、泣鬼神的大喝吓得傻站在那里一动也不敢动。汉文帝一把冲上前，说了句："众里寻他千百度，蓦然回首，那人正是你啊！"然后全不顾众人惊疑和发呆的眼神，像是找到宝贝一样挽起他便走。

就这样，邓通因祖上积德，一梦之托便鸿运高照，成了汉文帝身边最红的侍臣，后来又升为中大夫。他只因衣服上有一"洞"而发迹，而那洞又正好有黄鼠狼那样大，而到了汉文帝身边后又很会拍马屁，所以其绰号"黄鼠狼"也算是实至名归了。

无德无才溜须拍马的人竟然成了汉文帝身边最红的人，一人之下万人之上的丞相申屠嘉（接张苍的位）不干了。按理说我才是汉文帝身边最红的人才对啊！凭啥会是你这个不知从哪个洞里钻出来的"黄鼠狼"呢？

邓通在朝廷文武百官议事时，也不知是吃了什么，"臭屁连天"，更重要的是还调戏侍女。这一切别人没在意，但申屠嘉却看了个清清楚楚，等朝会结束，众人散去，申屠嘉就到汉文帝那里打了个小报告。哪知汉文帝只回了四个字"我知道了"就没了下文，气得申屠嘉吹胡子瞪眼睛只差没吐血。

通过这件事，申屠嘉知道，有汉文帝的庇护，想除去"黄鼠狼"以他之力那是不可能的。然而，申屠嘉既然能当丞相，自然也不是平庸之辈，他冥思苦想，便想出了一个"教训"邓通的好办法。

于是他便派人去"请"邓通来他的府里做客。邓通虽然肚子里没有什么墨水，但也还不至于很傻，他一听八竿子打不着的申丞相突然宴请自己，自然心生疑惑，再加上汉文帝已把申屠嘉状告他的事告诉了他，自然不敢去了。

申屠嘉见邓通不肯来，并没有灰心，充分发挥百折不挠的精神，一次不来二次请，二次不来三次请。而邓通见他这么“一厢情愿”，也毫不含糊，来一个拒一个，来两个拒一双。

申屠嘉作为堂堂一国丞相，竟然请不来一个小小的中大夫，这不单单是“教训”的问题了，而是延伸到“面子”的问题，于是申屠嘉动真格的了。

那个跑腿的这么来来回回地跑，跟邓通也熟悉了，于是他问邓通道：“如果真的需要什么理由，一万个够不够？”

邓通自然答：“不够。”

那跑腿的接道：“斩。”

邓通先是一愣，随即明白过来，不够就斩，用不着解释也知道啊！一看这架势，申丞相是来真的了，他本来想惹不起还躲不起嘛，但事实证明，官大一级压死人，惹不起的人连躲都躲不起。没办法，他只好硬着头皮去丞相府了。只不过他去的时候还多了一个心眼，那就是入宫去找了汉文帝一趟。

邓通泪流满面的泣道：“怕。”

汉文帝回复两个字：“不怕。”

有了汉文帝“不怕”两个字，就如同得到了一张免死护身符，邓通转悲为喜，便去了丞相府。

“来了！”申屠嘉见他来了，头也没有抬。

“嗯，来了。”邓通小心翼翼地答道。

“这么久才来。”申屠嘉看似仍然漫不经心地道。

“嗯，这么久才来。”邓通仍是小心翼翼地答道。

“都干吗去了。”申屠嘉的问话越来越不着边际了。

“嗯，都干吗去了。”邓通抱定不给申屠嘉任何可利用的语言破绽。

“斩！”申屠嘉道。

“嗯，斩！”邓通想都没有想，几乎是条件反射般答道。

他话音刚落就意识到了什么，心里一惊，抬头再看申屠嘉时，但见他此时亦双目如电般直射着他。

“既然你想斩，我就成全你。”申屠嘉一声暴喝。

“啊，不……丞相，饶命啊！”邓通这回哪里还能想“跟风”，双膝一跪，扑通扑通就磕起头来。

申屠嘉虽然很想除去邓通，但邓通毕竟是皇帝身边的大红人，没有皇帝签发的“斩首许可证”，他这个一国丞相也不能乱动皇帝身边的人啊！因此，他只是想吓唬吓唬邓通。

“斩！”“斩！”“斩！”面对申屠嘉一阵急过一阵的叫喊声，邓通吓得磕头如捣蒜。然而，过了好一阵，邓通磕得血流如注，才发现情况似乎不对，申屠嘉这喊“斩”之声此起彼伏，但却是只见雷声不见雨点，那些士兵连碰都没来碰他一下。

邓通这才知道自己被申屠嘉“忽悠”了，自然哭着跑去向汉文帝告状。但因为当时申屠嘉和他的手下并没动手，甚至都没有碰过他，他磕破了额头，完全是自己弄的，无凭无证可寻，再加上人家毕竟是一国丞相，汉文帝也没有办法为他“申冤”。汉文帝为了安慰邓通幼小而脆弱的心灵，给了他两点实惠。

1. 把他由中大夫提升为上大夫。

2. 将蜀郡的严道铜山赏赐给他，并允许他自己铸钱。

申屠嘉原本想好好教训一下邓通，让他收敛收敛嚣张的气焰，哪知弄巧成拙，人家自己打了自己一个巴掌后，仕途上又升了一级。申屠嘉心里虽然极为不平衡，但也没有办法。

不但申屠嘉对邓通极为“痛恨”，太子刘启对邓通更加“痛恨”。原来，汉文帝因为长年累月地伏案批奏，屁股上长了一个痔疮，越来越大，到后来就溃烂了，这样汉文帝就坐立不安了。

邓通为了报答汉文帝对自己的“厚爱”，为了减轻汉文帝被痔疮折磨的痛苦，就想出一个绝妙的办法，用嘴吸吮毒疮，以除去毒疮上的败脓。据说汉文帝每次被他吸吮过后都会好很多。毒蛇里的血，是奇毒无比；而毒疮里的血，却是奇臭无比。但邓通却一点都不厌恶，坚持帮汉文帝吸。这让汉文帝感动不已。

后来，太子刘启入宫探病，汉文帝想试一下刘启的表现。叫刘启来吸，结果刘启只吸了一口就呕吐不止。

邓通和刘启形成了鲜明的对比，从此，汉文帝对邓通更加宠爱了。而太子刘启后来知道“吸吮脓血”的主意出自邓通之手，从此和邓通成了“大仇人”。

汉文帝刘恒驾崩

汉文帝后元七年（公元前157年），文帝驾崩于未央宫：留下遗诏说：“朕听说：大凡天下万物萌生以后，死亡是其必然结果。死亡是天地间的常理，事物的自然规律，不必为此而哀恸！我极不赞同厚葬重服，这样劳民伤财。况且朕也没为百姓做什么事情，在去世之后，长时间隆重的吊唁活动会在寒暑中使临丧者受尽折磨，让别人的子弟为我尽哀，就会令别人的长辈感到伤心。其他鬼神的祭馔被损坏而丰盛对我的祭馔，其他鬼神就会饱受饥饿之苦，这样的话，我的罪过就更加深重了，这叫我如何向天下交代！朕以细末之身继承大统，二十三年已经过去了，依赖于上天的威灵、社稷的洪福，四海安宁，未有战乱。朕天生就愚钝，经常害怕言行有过失之处，将先帝的声名玷辱，而在位时间越久，越来越害怕不能做到善始善终。今日幸以自然死亡，得以供奉于刘汉的祖庙之中，这对我这个薄德之人实在是最大的嘉勉，我已经很满足了，还有什么可哀恸的？可令天下吏民在接到志哀令后进行三天悼念活动即可停止。对在国丧期间举行嫁娶、祭祀的，不得禁止其饮酒食肉。凡需参加葬礼的，大量披麻戴孝也没有必要，其头与腰的孝带宽不许超过三寸。灵车不要用布帛铺盖，也不用派羽林军护灵，宫殿中也不要有百姓来哭灵。朝廷中应参加葬礼的，只能在早晚与大功时可以有哭泣的哀音，礼毕就停止。不是早晚与举行葬礼时，禁止擅自放声哭泣。下棺后，服大功（丧服）十五日，小功十四日，细布衣七日，孝服要在三十六天后全部脱掉。其他有关事项在诏令中没提及的，都以此令类推。布告天下，使黎民百姓都知道我的意见。不要改造霸陵山川，按其原貌下葬朕灵。宫中夫人以下的都遣送归家。”汉文帝又下令中尉周亚夫为车骑将军，属国悍为将屯将军，郎中令张武为陵墓复土将军。征发近县士卒共计两万一千人，内吏卒一万五千人，交给张武将军从事开挖墓井与复土回填工作。赐各王侯以下至孝悌力田的人金帛各若干。六月初七日，汉文帝遗体被葬于霸陵。

文帝即位二十三年来，宫室、园林、车骑仪仗、服饰器具等都没有增加，废除了许多对百姓不便的禁令条例。文帝曾想修建露台，召来工匠算了一下开销，需花费一百斤黄金。文帝说："一百斤黄金，相当于中等民户十家财产的总和。先帝的宫室由我居住，我都惧怕使它蒙羞，还修建露台干什么呢？"文帝自己身穿黑色的粗丝衣服，他所宠爱的慎夫人所穿的衣服不拖到地面。为显示朴素，文帝所用的帷帐都没有刺绣花纹，为天下人做出表率。修建霸陵，不准用金、银、铜、锡装饰，都使用陶制器物，利用山陵形势，高大的坟堆也没有修建。吴王刘濞伪称有病，不来朝见，文帝反而赐予手杖给他。群臣之中，袁盎等人的进谏虽然言辞激烈而尖锐，文帝常常予以宽容并采纳他们的批评意见，张武等人接受金钱贿赂的事情被发现后，文帝反而赏赐他们钱财，使他们心中愧疚。

他教化百姓全凭德政，所以，国家安宁，百姓富裕，后世能做到他这样的很少。汉文帝逝世后，太子刘启即位，即汉景帝。

汉文帝在位的二十三年里，为大汉帝国作出了巨大的贡献，他和他的儿子刘启共同开创了中国封建社会第一个太平盛世，史称"文景之治"。

曹植的《汉文帝赞》总结性地概括了汉文帝的一生，诗曰：

孝文即位，爱物俭身。

骄吴抚越，匈奴和亲。

纳谏赦罪，以德让民。

殆至刑错，万国化淳。

汉景帝刘启登基

大汉这些年风调雨顺，百姓安康，朝中无党派，权力交接很顺利。六月九日，太子刘启登基，尊皇太后薄氏为太皇太后，太子妃为皇后。皇后无子，太子位暂缺。因为太子暂缺，皇宫又有一场争斗。

做完这些事后，汉景帝马上对朝中重臣进行了一次重新洗牌。

他首先拿汉文帝的宠臣张释之开涮，因为当年他和梁王同车入朝经过张释之门前时，没有下车，张释之曾向汉文帝弹劾过他，结果给刘启的声誉造成了极大的影响。伴君如伴虎，景帝继位后，张释之也害怕“报复”，一向刚正不阿的他放下架子主动向汉景帝赔礼谢罪。这对张释之来说是很需要勇气的，单从这一点来看，张释之还是挺识“时务”的。然而，事实证明，他的努力换来的却是竹篮打水一场空，汉景帝心中对他的芥蒂却是“此情无计可消除，才下眉头，却上心头”。

罪也谢了，礼也送了，该给的面子也给足了，张释之自认为这件事就这样摆平了，于是自信满满地走了。然而，他不知道这一去，便是他人生中最后一次踏入这熟悉而庄严的皇宫大门了。他刚回到自己的府上，便接到一张到淮南做相国的调令。

汉景帝有汉景帝的想法，你张释之还是离我远点儿好，眼不见心不烦，哪儿凉快哪儿待着去。让你到淮南做相国，没送你回老家已是给足你面子了。

调走张释之后，另一“张”浮出了水面。这个“张”就是张欧。张欧原本为东富一无名侍卫，但此时得以青云直上，连升好几级，接任了张释之廷尉一职。

好在汉景帝此次“为己而用”的张欧也是个廉洁奉公之人，他当上“全国最高法院院长”后公私分明，判罚得体，也正是因为这样，“张青天”的帽子很快从张释之的头上移到了张欧的头上，“张冠张戴”总比“张冠李戴”强多了。

汉景帝亮出的第一张牌取得的效果是：狱中无错判，投诉无冤案。可以干实事、实干事。无白天之掩门，无晚上之闭户。翩翩汉景帝，谦谦张青天，百姓曰：太平盛世。

新皇登基，大赦天下。晁错是刘启的智囊，所以刘启的时代就是晁错的时代。贾谊命不好，遇上一位不想有所作为的皇帝。就施展才华这个层次而言，晁错比贾谊幸运，他赶上一位敢想敢干的皇帝。刘启和刘恒有很多相似之处，如宽政爱民，信奉黄老之学等，但刘启比刘恒更想有所作为，这是他两父子的一大区别。

刘恒减重刑为轻刑，刘启又再减轻。“文景之治”年间，刑罚少用。与秦朝暴政相比，百姓的生活好多了。刘启不想死人，更不想看见别人贫死，但邓通非贫死不可。如邓通不贫死，难消刘启心头之恨，吮疮之辱。

安排刘恒下葬，封赏朝臣，大赦天下……一切安排妥当，刘启登基后的第一把火便烧向了邓通。刘启还是太子时，吃了邓通的一次哑巴亏。现在刘启当皇帝了，天下他最大，邓通该还债了。邓通这人，只会装孙子拍马屁，毫无见识。

为了讨好老子，得罪儿子，这么蠢笨的事，只有邓通这种命中注定贫死的人才会干。自古以来，没有能力却受宠幸的人都难善终，邓通就是其中一个。刘恒送邓通铜矿铸钱，邓通的“邓钱”驰誉天下，与吴王刘濞的“吴钱”并驾齐驱，按理说他不会贫死。然而，刘启想弄死他简直易如反掌。刘启为何非要致邓通于死地是有原因的。

刘恒死后，刘启继位。邓通身无长物，被免官后在家造钱。后来，有人告邓通将私自筑造的钱运到国界外。朝廷马上逮捕邓通入狱，立案审查，罪证确凿，依据法律，没收邓通的全部家产后，邓通还欠朝廷几百万。从此邓通的好日子彻底结束了。长公主很好心，赐钱给邓通。长公主刚赐，朝廷马上没收，邓通还是一贫如洗。不能赏钱，长公主就借衣食给邓通。刘启不为已甚，任长公主接济邓通。邓通靠长公主的衣食维系生命，“穷”度晚年，至死不名一文，“寄死人家”。

这“寄死人家”就是死在人家的意思。邓通住的房子也是别人的，他死时也就是“寄死人家”。

神猪刘彘的诞生

就在汉景帝在朝中一手打造自己的人才体系时，又一件喜事出现了。汉景帝的宠妃王夫人给他生了一个白白胖胖的儿子。

对于已有十个儿子的汉景帝来说，这第十一个儿子的出生已经没有什么大惊小怪和值得宣传的了。但这次王夫人给汉景帝生的不是一般的儿子，他的名字叫刘彻，也就是后来的“汉武帝”。

闲话少说，还是来看汉武帝刘彻的出生吧！

汉景帝画像

公元前156年（汉景帝前元元年）“七夕节”，因为一个婴儿的诞生更显得非同寻常。长安未央宫的猗兰殿里，灯火通明，宫女们来来去去，个个脚步匆匆，看神情既紧张又兴奋。汉景帝站在殿中央的一棵桂花树下，此时桂花飘香，树上朵朵桂花散发出迷人的香味。但汉景帝的目光却丝毫没有停留在桂花树上，他脸色凝重地凝视着猗兰殿正殿那扇半掩着的大门，夜风轻轻刮过他俊美的脸庞，他像雕塑一样站着一动也不动，仿佛遗世独立般。

良久，猗兰殿里传来一声嘹亮的婴儿啼哭声。汉景帝蓦然惊醒过来，脸上的凝重马上被欣喜所代替。他不再迟疑，大步流星般朝殿门前走去。刚到门口，一中年妇女便抱着一婴儿向汉景帝道喜。

“恭喜陛下，王夫人生的是一位皇子。”

汉景帝抱着襁褓里的婴儿，一脸的疼爱，一脸的兴奋，一脸的喜悦。

“请皇上给皇子赐个名吧！”王夫人也不顾产后身体虚弱，便欲起身给汉景帝道福，却被汉景帝一把制止了。汉景帝几乎连想也没有想便说道：“就叫刘彘吧。”

想必这个“彘”字大家都不陌生。当年吕后把“情敌”戚姬折磨成人彘的事太触目惊心了，以至于汉文帝在敢言敢谏的袁盎提到“人彘”两个字时会吓得脸无血色。按理说爱屋及乌，汉景帝自然也会忌讳这个“彘”字。他为何又要给自己的第十一个儿子取这个名字呢？这得从两个梦开始说起。

据说王夫人在怀孕时就大放这样的言论，她的怀孕是因为梦见一轮红日落入她的怀中。要知道古人对日月的崇拜比如今的香客信佛还要虔诚。前面也说过，匈奴人天不怕、地不怕，却唯独对日月星辰崇拜敬重有加，他们还有"朝奉晚供"的习俗，行军打仗还要看太阳、月亮、星星的"脸色"（明暗度）来行事，这一点想必我们可爱的刘邦同志就深有体会（他当年便是靠在日月星辰上大做文章而解白登山之围的）。

日落其怀而孕，看来大人物出生就是不一样啊！总得造出一点神秘一些、与众不同的东西来才好，这大概和刘邦的蛟龙交媾而孕有得一比了。有一句名言："只有站在巨人的肩上，我们才能高大起来。"此时却是："只有站在神灵的头上，凡人才能高大起来。"

而不巧的是，就在刘彘出生的前天夜里，汉景帝又做了一个梦。当年汉文帝的梦让邓通这个唱小丑的小人物登上了历史舞台，而汉景帝的梦自然也不会差了。他梦见一只红色的猪从天而降直落宫中……正在这时，汉高祖刘邦从九泉之下活过来了，他说活了，他说王夫人所生乃是"天蓬元帅"下凡，得取名刘彘（彘的意思就是猪），马虎不得……

这两段插曲一弄，王夫人所生的这个儿子分量之重可想而知。也难怪汉景帝会站在桂花树下足足两个小时也不觉得累，他不是为了偷听牛郎织女的悄悄情话，而是为了一睹"神猪"是怎样诞生的。

这个刘彘就是后来的汉武大帝刘彻，大家看到这里会问，这位王夫人到底是什么来头，汉景帝又为何会对她宠爱有加呢？心有多野，未来就有多远。

说起王夫人，就得说一下刘邦当年分封的一个诸侯的名字——燕王臧荼。汉高祖五年（公元前202年）七月，臧荼因为不满刘邦对项羽旧部的穷追围打和不断打压功臣（削韩信的兵权），成为十八路诸侯第一个起来造反的人。

鲁迅先生曾经这样教导我们："世界上第一个吃螃蟹的人是勇士。"但是，他老人家只把这话说了一半。因为在人和螃蟹之间既然存在一本菜谱，那么双方彼此都应该是对方的盘中餐。世间既然有第一个吃螃蟹的勇士，也就有第一个被螃蟹吃掉的天才。

臧荼无疑就属于这样的"天才"。除了他儿子臧衍逃到匈奴那里去了，臧氏家族可以说在那次"吃螃蟹"中遭遇到了灭顶之灾。当然很少有人知道，除了臧衍外，臧家还幸存了一条漏网之鱼——臧荼的亲孙女臧儿。

这臧儿隐姓埋名在长陵县的一个叫田家集的地方。而她的婚姻也和她的人生一样，经过一次大的变故。第一任丈夫叫王仲，臧儿和他生了三个孩子。男孩儿叫王信，两个女儿分别叫王娡和王儿姁。儿女双全的臧儿在夫家确立了地位，日子慢慢安逸起来。然而天有不测之风云，人有旦夕之祸福，不久，王仲得了"突发性疾病"，两脚一蹬就到阎王那里报到去了。失去靠山的臧儿没有选择立"贞节牌坊"，而是果断选择"移第二步脚"，改嫁到长陵田家。为确保其地位，她又为田家生了两个儿子——田蚡和田胜：田蚡就是武帝时期权倾一时的宰相，这是后话，暂且不多提。

一代名门之后就这样沦为村妇，生儿育女，似乎注定她将这样平凡地过完这一生了。然而，臧儿虽然是一介女流，且又处在社会的最底层，但心中的壮志并没有消散。相反，她无时无刻不在梦回昔日那荣华富贵的时候。

当然，臧儿虽然"野心"很大，但也有自知之明，知道仅凭自己是没有能力实现"鲤鱼跳龙门"的梦想了，于是她把目光停留在了两个如花似玉的女儿王娡和王儿姁身上。

农村里的姑娘家一般嫁人都很早，此时的王娡早已嫁给了一个“老实巴交”的村野之夫——金王孙，这金王孙名字倒是特别，一名含三姓，但并没有给王娡锦衣玉食般的生活。

臧儿渐渐地对这个“清龟婿”不满起来。正在这时，一个相士的一句话彻底改变了臧儿和两个女儿的命运：你的两个女儿是大富大贵之相，将来必定荣华富贵。

相士的话多半是信则有，不信则无，当不得真，顶多做到“将信将疑”就到顶了。然而，相士这句“戏言”却正合臧儿心意。于是她做出一个令人匪夷所思的举动，送两个女儿进宫。

按理说像王娡这样已为人妇的“残花败柳”，想入宫去当皇宫三千佳丽的一员，那是白日做梦，想都不用想。然而，世上的事就是这样变幻无常。就是这个别人想都不敢想的事，臧儿却硬是办到了，王娡凭着貌不惊人死不休的绝世容颜力压群芳，得以顺利进入后宫。

到了宫中后，王娡充分发挥“过寒人”的功力，把当时正血气方刚、年少轻狂的太子刘启迷得“神魂颠倒”。因为得刘启的宠幸，她很快就为刘启生了三个孩子，不过都是“弄瓦”之喜。相反她的妹妹王儿姁虽然比她后入宫，但因为姐姐的推引和自身长得也很美，自然也得到了刘启的宠爱，一口气为刘启生了四个儿子。这让王娡很着急，母凭子贵，在后宫混，没有儿子，意味着一无所有。

好在老天是公平的，刘启刚继位不久，刘彘出生了。第四胎终于生了一个白白胖胖的儿子，王美人能不高兴吗？

此时，汉景帝已有十个儿子，按理说她这个后生的儿子顶多只能当个诸侯王。但王娡既然能有嫁了人还敢入宫的勇气，她的心气自然也不会小。她会甘心自己的儿子只做一方之王吗？事实证明，她的心和她的母亲臧儿一样大，她的目标很简单明确，她把目光瞄向了皇太子的位置。

就在王娡做“太子梦”时，汉景帝却“噩梦连连”寝食难安，因为他将面临继位后一次严峻的大考验——七国之乱。

第八章 削藩政策

征服敌人不是只有一种方法，弱者之所以能够战胜强者，就是能够示弱，给自己留下尽量大的回旋余地，在不利于自己的情况下，能采取灵活应变的方法，而不是强出头。晁错的《削藩策》虽是本着为大汉江山社稷考虑的，但时机不成熟，最终导致自己付出了惨痛的代价。

吴王刘濞欲叛变

刘濞画像

年仅二十的刘濞大败英布军，勇猛彪悍，令刘邦刮目相看。英布被诛后，刘邦担心无人能镇压强横的会稽百姓，见刘濞勇猛，封为吴王。吴国五十多城归他。刘濞是有能力的人，即使给他一块北方的盐碱地，他也能变出金子，何况吴国有得天独厚的地理条件。

封赏、授印完毕，刘邦给刘濞看了个相，发现刘濞有反相，摸着刘濞的背说：“大汉五十年后，东南方向有叛乱，是你吗？我们是一家人，千万不能反！”

刘邦看相，一定是史书乱吹。可能他见刘濞过于勇猛，担心他不愿活在池中，生在地下，而欲飞天，因此这么说。刘氏子弟中，刘濞既勇猛，又有计谋，吴国条件优越，很容易发展壮大。作为分封国，一旦壮大就起事，刘邦见得多了，所以才善言警诫刘濞。那时刘濞力量很小，听了刘邦的话，哪能不急忙回说不敢。

吴国铜矿丰富，邻近大海，借朝廷允许铸钱之机，刘濞广纳天下亡命之徒，开矿铸钱，煮海为盐。仅凭铸钱和煮盐两项，吴国顿时暴富，百姓的钱用不完。上文曾提到，说“邓钱”和“吴钱”通行天下，“吴钱”就指吴王刘濞铸的钱。

吴国暴富，百姓不用缴纳赋税，天下百姓纷纷投奔吴国。汉法规定，有钱人可以买人代服徭役。吴国百姓钱多，纷纷用钱买人代服徭役，国内劳动力奇缺。刘濞广开方便之门，无论是谁，有来必收。吴国十分富裕，每年都发奖赏给百姓，对因公殉职或受伤的人待遇更优。可见，吴国的财力之富足，可与中央抗衡。

汉文帝在位时，吴国太子刘贤奉诏进京陪伴皇太子饮酒、博戏。吴太子在博戏过程中与太子争棋路，行为不恭，皇太子就拿起棋盘猛击吴太子，将他打死。

深感歉意的刘恒命人给刘贤办丧，让刘贤的随从抬刘贤回吴国。爱子去世，刘濞很伤心，对随从说："刘贤和皇帝是一家人，死在长安就埋在长安，不用抬回吴国。"刘濞命来者将刘贤抬回长安。刘濞此举，分明是想让儿子享受皇帝的待遇。

自此，刘濞厌恨朝廷，渐渐不守作为藩臣的礼节，长期称病不朝见。刘恒觉得刘濞长期不朝见的真正原因是刘贤之死，而非身体病痛，找人一验，果然是丧子之故。此后，每次刘濞派人到长安都受到关押，有去无回。刘濞越加害怕，每到朝见都称病不往，谋反准备更加迅速。

刘恒见刘濞多年不来朝见直接派人去请，刘濞还是称病拒绝。刘恒盘问吴国使者，使者回答："看清池中的游鱼，对谁都没有好处。吴王刚装病就被发觉，见皇上责难之切，害怕被诛，不知道怎么办。为大家好，希望皇上给他一次机会。"这话叫做，"水至清则无鱼，人至察则无徒"，使者分明是劝刘恒糊涂而过，将一场灾难糊糊涂涂地消弭掉。

深明其意的刘恒，马上释放所扣留的吴使，赏赐刘濞手杖，恩准刘濞可以不来朝见。刘恒不敢削藩，想蒙混过关。他年老，一死就算蒙混过了。然而，养虎遗患，虎大必伤人，他死后，刘启就必须面对。刘恒如此宽厚，刘濞越发骄横，大肆铸钱，广泛煮盐，遍招天下亡命之徒。经过三十多年的发展，吴国势力上升到诸侯国的首位。对朝廷心怀不满的王侯，唯刘濞马首是瞻，刘濞的势力一天天壮大。

晁错上《削藩策》

景帝继位以后，任命了一系列官员，任命太中大夫周仁为郎中令，任命张欧为廷尉，楚元王的儿子平陆侯刘礼被任命为宗正，任命中大夫晁错为左内史。周仁为人廉洁谨慎，曾做过太子舍人。张欧也曾在太子宫中侍奉过景帝，他虽然研究刑名律法的学问，却为人宽厚，景帝因此很器重他，让他做了廷尉之职。张欧以诚厚长者居官用事，因此他的下属也不敢欺骗他。当时，景帝经常与晁错单独议论国政，晁错的意见经常被景帝采纳，许多法令按晁错的建议修改了。

晁错为人忠正耿直，年轻时跟随一位叫张恢的儒生学申商刑名之学，后来因为精通文学做了太常掌故。

汉文帝时，《尚书》在天下已无人研究，不解其意，故四处求通《尚书》者。后听说齐国有一个曾做过秦朝博士的人精通《尚书》，但年岁已大，不可能召其进京。文帝便命太常派人带书登门求教，太常选中了晁错担当此任，晁错圆满地完成了这件事。回来后晁错向文帝讲解了《尚书》大义，文帝对此很满意，先任命晁错为太子舍人，很快又升任了门大夫、博士。

晁错曾上疏文帝，讨论皇太子读书学习的问题。他说：“人主之所以尊贵显赫，功名扬于万世之后，是因为懂得如何治国。所以，人主懂得怎样临制臣下治理民众，则群臣畏服；懂得怎样听取言论处置事物，则不被欺骗蒙蔽；懂得如何造福万民，则海内人心安定；懂得如何以忠孝服侍上人，则臣子之德行完美。臣以为皇太子首先要学这四条。臣观察前代的君王，凡是不能继承社稷而被其臣下所劫杀的，都是不知治国者。皇太子读的书已很多了，但还不懂得如何治理国家，是因为不深究书中所说的道理。书读得再多而不知其义，正所谓劳苦而不为功。臣暗自观察皇太子智慧过人，骑马射箭之技艺远非凡人所能比，但对于治国之术却不能保持兴趣，陛下要多关心才是。希望陛下选择可运用于今世的圣人之术，来传授给皇太子，并定时要太子向您汇报学习所得。请陛下裁夺。”汉文帝采纳了晁错的建议，任命他为太子家令。晁错很快以能言善辩、足智多谋，博得了皇太子的信任。

当时匈奴正处于强盛时期，边疆地区屡次遭其侵犯，对汉朝边境威胁很大。晁错为此上疏文帝，认为安边境、立功名，关键在于选良将；而用兵打仗，关键在于熟悉地形，训练士卒、兵器坚利等。文帝对此又大加赞赏。

一次，文帝策问有司举荐的贤良人士。晁错胜过其他对策者一百余人，升迁为中大夫。

晁错在文帝时即多次提出应对诸侯王予以削夺，以及对法令应予更改等事，共上疏三十篇。文帝虽没有全部采纳，但还是很欣赏他的才华，皇太子对他更是言听计从。这引起了袁盎等大臣的反感。

汉景帝即位后，晁错被任命为内史，景帝对他的各种建议总是很痛快地采纳。晁错更定了多种法令，深受景帝宠爱。

申屠嘉是梁人，曾跟随刘邦，因资格老被提拔为丞相。他先是队率，后升关内侯，接着迁升御史大夫。他清廉正直，不接私客，然而却有点妒忌心。他刚担任丞相，很看不惯邓通的言行举止。一次，他找了个机会，欲斩邓通，可关键时刻被刘恒派使者持节救走了。

没想到的是，才事隔五年，又冒出一个极度让他不顺眼的人，这个人，就是刘启身边的红人晁错。晁错担任内史，因为受皇帝宠爱，地位很高，权力也很大，许多法令制度他都奏请皇帝变更。同时还讨论如何用贬谪处罚的方式来削弱诸侯的权力。而丞相申屠嘉也有感于自己所说的话不被采用，因此忌恨晁错。晁错担任内史，内史府的大门本来是由东边通出宫外的，使他进出有许多不便，这样，他就自作主张凿一道墙门向南通出。而向南出的门所凿开的墙，正是太上皇宗庙的外墙，申屠嘉听说之后，就想借晁错擅自凿开宗庙围墙为门这一理由，把他治罪法办，奏请皇上杀掉他。但是晁错门客当中有人把这件事告诉了晁错，晁错非常害怕，连夜跑到宫中，拜见皇上，向景帝自首，说明情况。到了第二天早朝的时候，丞相申屠嘉奏请诛杀内史晁错。景帝说道："晁错所凿的墙并不是真正的宗庙墙，而是宗庙的外围短墙，所以才有其他官员住在里面，况且这又是我让他这样做的，晁错并没有什么罪过。"

没杀成晁错，还在群臣面前赔礼，申屠嘉悲愤异常，他对长史说："我应该先斩后奏，先报告再斩，一定误事。"申屠嘉回府，越想越气，发病而死。晁错逃过一劫，群臣敬仰，身份越发显贵。

晁错升迁为御史大夫后，更加积极地倡导削藩政策。他多次奏请削有罪诸侯国四边的郡县，以缩小诸侯国的地盘，其中以《削藩策》影响最大。

晁错在《削藩策》中说："高祖刚平定天下时，因兄弟小，几个儿子尚年幼，同姓的很多人被封为诸侯王，齐国辖七十余城，楚国四十余城，吴国十余城，这三个诸侯国几乎占去了天下一半的疆土。吴王刘濞以前因皇太子杀了他的儿子而与朝廷结怨，托病不来朝见，依法应杀，只因文帝仁慈，不忍处罚他，反赐杖给他，允许他不再朝觐。朝廷对他有如此之厚的恩德，吴王本应改过自新才是，但他反而更加骄横，在圈内铸钱煮盐，招引天下的罪人阴谋作乱，现在削他的地他会反，不削也要反。削地他反得快，祸害要小些；不削地反得慢一些，祸更大。”

这一年，晁错的建议被景帝采纳，先后削了楚、赵、胶西三个诸侯国的地，下一步要削吴国的地。

为了限制诸侯国的权力，使中央政府的统治地位得到巩固，晁错更改的法令共有三十章。

晁错蒙冤而死

眼看天下因削藩削得兵征将战，烽火四起，晁错的老父亲由颍川跑来见晁错问：“皇帝刚刚继位，你当政用事，侵犯诸侯，离间骨肉之情，弄得怨言漫天，你究竟想干什么？”晁错的老父亲是明白人，他问晁错“究竟想干什么”，意在告诉晁错适可而止，因为只要活着，削藩就没有尽头。

“你说的都是实情，然而，如果不这样做，天子之位就会遭到威胁。”晁错回答很简单，只表达一句话：我愿为此舍身。

“为了刘氏安稳，我们晁氏就有灭门之祸，我将离你而去。”不久，晁错的父亲喝药而死，留下一句话：我不忍见祸害加身。一句“我不忍见祸害加身”，表达了对晁错之爱和对叛乱局势的无助、无奈之感。

晁错愿为国家而死，毅然决然；他父亲愿为家庭而死，同样毅然决然。同等刚烈之性，表达的又是不同的情感。

吴楚联军势如破竹，晁错建议先割吴楚联军还没攻陷的徐县和僮县给吴国；其次，刘启御驾亲征，晁错守城。晁错性格刚烈，绝不轻易退让，他建议割地给吴国，可见吴楚联军声势也大，攻势之强，威势之猛。

晁错提出这两条建议，都有可行性，但违背情理。首先，割地给吴国，这严重违反削藩的原则，承认削藩错误等于自己扇自己耳光，不明智；其次，让皇帝出征，臣子留守，这是臣子不忠的表现。无论君主如何倚重臣子，臣子都不能让君主怀疑他的忠心，否则大祸临头。吴楚联军猛攻，晁错提出这样的对策，大错特错。

一天，刘启正在和晁错相商调度军粮之事，窦婴带着袁盎求见。在同一房间，晁错同时面对他的两个仇人，实属罕见。第一位仇人是窦婴，窦婴反对晁错削藩，两人结怨。第二位是袁盎，袁盎与晁错的仇类似世仇，有晁错的地方就不会有袁盎，有袁盎的地方绝不可能有晁错，他俩互不相容。这次在同一屋子相见，已经违反了他们的习性，事后必有一人死。

仇人见面，分外眼红。既然晁错与袁盎水火不容，晁错又是皇帝的红人，袁盎为什么要来见刘启？从本质上说，袁盎不是来见刘启，而是来杀晁错。袁盎求见刘启，只是想借刘启的君王之刀，斩杀晁错，弃尸街头。晁错想杀袁盎，袁盎也想杀晁错。袁盎十分聪明，见七国以诛杀晁错为名，立即求见刘启，请求斩晁错以平息叛乱。吴楚联军势大，刘启不是秦王嬴政，不会为了一个晁错而得罪天下人。只要刘启斩晁错，无论吴楚联军是否退去，袁盎都是刘启身边的红人。

因直谏敢言受刘恒倚重，袁盎也得罪了不少人，如笨头笨脑的周勃和宦官赵谈，自知难以久居长安。皇上调他为陇西都尉，袁盎上任后，政治清明，仁爱士卒，士卒感激，人人奋勇争先，愿为他死。袁盎治理有方，皇帝再调袁盎去吴国做丞相。

吴王刘濞骄横，人人害怕。临行，侄子袁种对袁盎说："吴王刘濞骄横得紧，吴国奸人很多，如果你想治理，刘濞不上疏告你就会杀你。南方空气湿润，你不如天天吃喝玩乐，给皇上说刘濞不会造反，那就可以保全自己。"

果然，袁盎依此而行，受到刘濞优待。袁盎与晁错都很有智慧，但晁错刚正耿直，知道方正不懂圆滑，袁盎却是很圆滑的人。如果晁错圆滑知变，在大事上就不会冒天下之大不韪，硬性削藩，在小事上就不会因朝堂争执而与窦婴结怨。袁盎圆滑，在吴国装糊涂，刘濞造反，没找他麻烦。

刘启继位，晁错升迁为御史大夫后，晁错说袁盎收受吴王刘濞的钱财，将袁盎贬为庶人。风闻吴楚七国造反，晁错告诉丞史，说袁盎收受刘濞钱财，隐瞒刘濞造反的阴谋，理当问罪。丞史觉得造反还未成事实，不能问罪袁盎，以免打草惊色。丞史一番话，分明为袁盎开脱。晁错想整治袁盎，有人替袁盎开脱；袁盎想整治晁错，有人借袁盎一把刀。可见袁盎比晁错容易结交朋友，晁错比袁盎更易得罪人。晁错欲问罪袁盎的消息传到袁盎耳中，袁盎很害怕，马上去见窦婴，说吴楚七国将反，要求面见刘启。

窦婴带袁盎来见刘启，恰好刘启正和晁错商议军粮之事。

"你曾经是吴国国相，知道田禄伯的为人吗？现在吴楚七国造反，你觉得该怎么处理？"刘启问得很有道理。田禄伯是吴国大将，很有才，但不被重用，对于活着的人，如不被任用，与死没多大区别。

袁盎想都不想，张口就说不用担心。刘启说，吴国开山铸钱，临海煮盐，富可敌国；广招天下豪杰，兵强将用，他们已经准备好了，怎么能不担心。吴楚联军都要攻入长安了，刘启的皇位就要保不住了，他怎么能够不担心。面对强敌，谁都想保住现有的一切，刘启也不例外。

“吴国是有铜矿和盐海的优势，但刘濞所招的不是豪杰，而是无赖、犯罪分子和亡命之徒，这些人只会作乱。”袁盎一句话，既说出了对方的弱点，又指明了自己的优势，说到晁错的心里去了，所以他立即附和。这不仅是晁错对袁盎说的第一句话，还是诚心赞同的话。这两位生死之仇，都知道对方有才，直到临死，才称赞对方，真是可惜。倘若晁错与袁盎能联手，对大汉的发展非常有利。

不似晁错举轻若重，屡犯皇帝的禁区，袁盎一语中的，举重若轻，顿时让刘启刮目相看，问袁盎有什么好计谋。袁盎冒死前来，就为刘启的这句话。杀人的机会来了，袁盎让刘启屏退左右。刘启依言屏退左右，只剩下刘启、袁盎和晁错三人。

“我的计谋，作为臣子的不能知道。”袁盎话刚出口，晁错就知道大祸不远。晁错走到东厢，知道袁盎的计对自己不利，但事已至此，无可挽回。晁错不恨被袁盎算计，他恨壮志不酬。面对壮志不酬，贾谊郁郁而终，晁错恨意耿耿。

袁盎对刘启说，吴楚七国传檄天下，说高祖皇帝分封刘氏子弟天下，晁错却更改法令，削弱诸侯，致使七国发兵，他们的旗号是：清君侧，诛晁错。只有先斩晁错，再归还诸侯的封地，才能消弭战祸。

“只有借晁错的头，才能消弭战祸！”刘启听后默然。晁错跟随刘启一生，才华横溢，大义凛然，令人敬佩。大事紧急，自古以来，只有臣为君死，没有君为臣亡；只有臣为君忧，没有君为臣愁。

数天后，丞相、中尉和廷尉等高官一起弹劾晁错，说晁错削藩引发吴楚造反，还让刘启冒生命危险御驾亲征，晁错留守长安。晁错大逆不道，为臣无礼，为人不义，该当腰斩，灭族，弃尸闹事。群臣弹劾晁错，晁错却毫不知情。这是一场被告缺场的审判，这是一场皇帝默然的审判，罪犯晁错不知道自己将死。

景帝三年（公元前154年），正月二十九日，中尉传晁错上朝见刘启。

晁错身穿官服，对镜理装，穿着仍旧像平常一样严严整整。他随中尉坐车，即将上朝，认为刘启将与他共商大事。刚到长安闹市，晁错被踢下车，刽子手大刀砍落，晁错的身体由腰部断为两段。

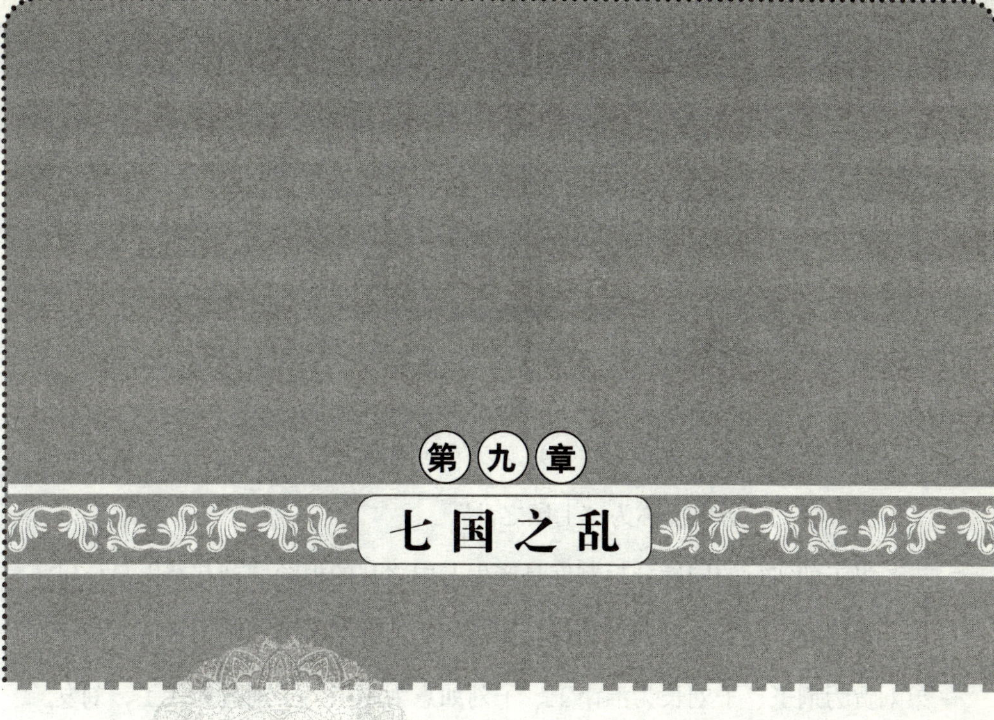

权力是一把双刃剑，用得好，可以带来巨大的利益；用得不好，就会给自己带来很大的危害。只有能收回的权力才是可靠的，争天下的时候需要放权，重用人才；治天下则需要收权，使自己处在有利地位。

吴王带头来造反

汉景帝三年（公元前154年），以吴国刘濞为首的七个刘姓诸侯发动了一次大叛乱，历史上称为“七国之乱”。

汉王朝实行的同姓分封制度是产生七国之乱的根源。刘邦登上皇位以后，封同姓，先后立兄刘喜为代王、弟刘交为楚王、子刘肥为齐王、从父弟刘贾为荆王、子刘长为淮南王、子刘如意为赵王、子刘盈为代王，刘友先为淮阳王后为赵王，刘恢先为梁王后为赵王，子刘建为燕王，从祖昆弟刘泽为琅琊王（文帝时徙为燕王），刘喜之子刘濞为吴王，旧时燕、赵、齐、魏、楚等国的全部疆土几乎全被这些封国占去。

诸侯王在封国内就是国君，拥有很大的权力。王国的政权机构大致按照中央的政权机构设置，除了由中央任命太傅和丞相外，诸侯王可以任命自御史大夫以下的各级官吏。诸侯王还有一定的军权，有财政权，有在国内征收赋税的权力。王国在政治上处于半独立状态，拥有众多疆土和人口，多数王国很富庶，如齐王刘肥有六郡，计七十三县；吴王刘濞有三郡，计五十三县。

刘邦在世时，问题还没有暴露出来，由于当时社会经济凋敝，同姓诸侯王又大都年少。惠帝和吕后以后，随着社会经济的恢复和各诸侯王长大成人，国家力量与日俱增，他们就都成为割据一方的势力，与中央的矛盾越来越大，有的甚至觊觎帝王之位，西汉政治由此开始动荡，正是在此背景下发生了“七国之乱”。

吴王刘濞是“七国之乱”祸首。刘濞被封王时年方二十，体壮有气力，刘邦担心吴、会稽一带社会风气不好，难于治理，需要一个年轻力壮的封王来镇抚，于是就封刘濞为吴王。受封仪式后，刘邦召刘濞来给他相面，说：“你的样子有反相。”刘邦心中很是后悔，然而封王仪式已经完毕，再难更改，便抚着刘濞的后背说：“汉家今后五十年内东南方有叛乱者，希望不会是你。天下同姓是一家，你要谨慎，不要造反！”刘濞叩首说：“不敢。”以后刘濞自食其言。

当初，孝文帝在位时，吴国太子奉诏进京陪伴皇太子饮酒、博戏。吴太子在博戏过程中与太子争棋路，行为不恭。皇太子就拿起棋盘猛击吴太子，将他打死。那时的刘濞已经生了反叛之心，再加上晁错的削藩策，最终找到了理由。

晁错多次上疏奏陈削减吴王的封地，汉文帝宽厚，不忍心对他实施惩罚，所以吴王日益骄横。等到汉景帝即位，晁错再次将此事上疏景帝，景帝将他的建议交予公卿、列侯、宗室讨论，没有人敢与其辩驳，表示坚决反对的只有窦婴一人，从此两人结怨。等到楚王刘戊来京朝见，晁错借机说：“去年为薄太后服丧，刘戊在服丧的居室里私下奸淫，请求处死他。”景帝虽然免去刘戊的死罪，但下令收回了原楚圈的封地东海郡。另外，朝廷以赵王犯罪为由削夺了他的常山郡；胶西王刘印因在卖爵事上有不法行为，他封地中的六个县被朝廷削夺了。

吴王刘濞担心朝廷不断地削夺诸侯的封地，就打算举兵叛乱。听说胶西王刘印勇武，对兵法研究极深，诸侯都畏惧他，于是，吴王派中大夫应高去游说胶西王刘印，说：“现在，奸邪之臣把持朝政，天子听信谗言恶语，侵夺削弱诸侯国，对诸侯王的惩罚很重，而且愈加变本加厉。胶西国和吴国，都是有名的诸侯王国，是朝廷的眼中之钉，肉中之刺。吴王身体患有暗疾，不能朝见已有二十多年了，时常担心受到朝廷怀疑，无法表白自己，只能自我约束，朝廷仍然不宽容他。我私下听说大王因出卖爵位的过失而受朝廷处置。其他诸侯封地被削夺的事情我也听说了，他们都不应该受到如此严重的惩罚。朝廷的用意，恐怕不仅仅是要削夺诸侯王的封地吧！”胶西王说：“我确实有被削夺的事。你认为如何是好？”应高说：“吴王自认为与大王面临着同样的忧患，希望大王顺应时势，遵循情理，为天下冒死消除祸患，我想您不会反对吧？”胶西王大吃一惊，说：“这样的事我怎么敢做！天子待诸侯虽然很严苛，我只有以死尽为臣之道，怎能起意反叛呢？”应高说：“御史大夫晁错，蛊惑蒙骗天子，侵夺诸侯封地，诸侯王都有背叛之心，从人事来看，已势在必行了。彗星出现，蝗灾发生，这是不容错过的好时机；而且愁恼困苦的局势，应该是圣人挺身而出的时候。吴王准备对朝廷提出要求清除晁错，在战场上则跟随大王打遍天下，兵到之处，没有人胆敢不服。大王若真能许诺一句话，吴王就率兵直逼函谷关，捕守袭阳、敖仓的粮库，阻挡汉军，把驻扎之地整治好，恭候大王到来。大王一旦起兵，就可以吞并天下，大王和吴王平分江山，不也很好吗？”胶西王考虑之后，答应此事。应高返归吴国，向吴王汇报了结交的事情，吴王亲自到胶西国与刘印当面约定。胶西国群臣中，有人得知胶西王的图谋，谏阻说：“诸侯王的封地与汉朝廷相比，十之才二，发动叛乱而使太后担忧，这不是高明的计策。现在侍奉一个天子，都已经很不容易了，假设吴与胶西起兵成功，两位君主并立相争，更大的祸患就会来到。”胶西王不听，于是派使者与齐王、淄川王、胶东王、济南王约定共同举事，诸侯王们都答应出兵反叛。

七国联合来反叛

汉景帝三年（公元前154年）正月，朝廷削夺吴国会稽郡、豫章郡的文书到达，吴王刘濞率先起兵，朝廷任命的两千石以下的官员都被杀死了；胶西王、胶东王、淄川王、济南王、楚王、赵王也都举兵反叛。丞相张尚、太傅赵夷吾谏阻楚王刘戊，刘戊便派人杀死了张尚和赵夷吾。赵相建德、内史王悍谏止赵王刘遂，结果两人被刘遂烧死。齐王后悔通谋叛乱，撕毁吴楚的盟约，依靠城池进行抵御。济北王的城墙坏了没有修好，他被其郎中令劫持了，因此济北王无法举兵参加反叛。淄川王、济南王以胶西王和胶东王为统帅共同攻打齐国，围攻齐国都城临淄。赵王刘遂把军队调往赵国西部边境，准备联合吴、楚等国军队一起进攻，再向北方的匈奴派出使者，联络匈奴一起举兵。

吴王在其国范围征发士卒，对国中的老百姓下了命令说："我今年六十二岁了，还亲自担任统帅；我的小儿子十四岁，也身先士卒。所有年龄上与我一样，下与我的小儿子一样的人，都应应征从军！"吴国二十多万人被征从军。吴王还拉拢闽、东越参加叛乱。吴王在广陵起兵，向西渡过淮河，随即与楚国的军队联合，派使者致书诸侯，指控晁错罪状，准备以诛杀晁错为名联合进兵。吴、楚两国军队一起攻打梁国，攻破了棘壁，梁国几万人被杀，吴、楚联军乘着胜利的气势继续向前进攻，其势锐不可当。梁孝王派将军迎击，又被吴楚联军打败，梁军士兵都向后败逃。梁王只能死守其都城睢阳城。

当初，汉文帝临终前，告诫太子说："假若国家有危难，军队统帅的重任可由周亚夫担当。"等到七国叛乱的消息传到朝廷，景帝就任命中尉周亚夫为太尉，统帅三十六位将军及其部队，到达前线与吴、楚叛军交战；派遣曲周侯郦寄攻打赵国，派将军栾布攻打齐境叛军；景帝又任命窦婴为大将军，让他带领军队在荥阳驻守，监视用兵于齐国和赵国境内的汉军。

晁错上疏奏请景帝亲征平叛，又建议："吴国尚未攻占徐县、僮县一带，可以送给吴国。"晁错与吴国宰相一直不和，有晁错在某处就座，袁盎总是避开；袁盎出现在何处，晁错也总是避开；两个人从未在同一个室内说过话。晁错升任御史大夫以后，以接受吴王贿赂之事，惩罚了袁盎。景帝下诏赦免袁盎，把他降为平民。吴、楚叛乱发生后，晁错对御史丞、侍御史说："袁盎受吴王之惠，说他不会叛乱；现在，吴王果然发动叛乱，我想奏请捉拿袁盎，他肯定知道吴王的密谋。"御史丞、侍御史说："如果在吴国叛乱前，治袁盎的罪，可能会中止叛乱密谋；现在叛军大举向西进攻，再审查袁盎，为时已晚矣！更何况，袁盎又没有参与密谋。"袁盎听到这消息后很是害怕，他当夜就去求见窦婴，对其说明吴王叛乱的原因，希望能够见到景帝，亲口说明原委，窦婴与袁盎进宫奏报景帝，景帝正在与晁错商量调度军粮。景帝问袁盎："现在吴、楚叛乱，你觉得局势将会怎样发展？"袁盎回答说："不值得担忧！"景帝说："吴王利用矿山就地铸钱，将海水熬干制盐，招揽天下豪杰；到年老发白时举兵叛乱，无绝对把握，绝不会贸然起兵，为什么说他不能有所作为呢？"袁盎回答说："吴王确实有采铜铸币、熬海水为盐的财利，但他并没有招揽到什么豪杰，假若吴王真的招到了豪杰，豪杰也会辅佐他行仁义之事，就不会叛乱了。吴王所招诱的，都是些无赖子弟、没有户籍的流民、私铸钱币的坏人，所以才能相互勾结而叛乱。”景帝问：“应采取什么妙计？”袁盎回答说：“请陛下让左右臣子们退下。”景帝留下晁错屏退其他人，袁盎说：“我要说的话，任何臣子都不应听到。”景帝就让晁错回避。晁错只能退避到东边的厢房中，对袁盎极为恼恨。看晁错离去，袁盎这才说：“吴王和楚王互相通信，说汉高祖皇帝曾分封诸子弟为王，诸侯各有其封地，贼臣晁错擅自贬谪诸侯，削夺他们的封地，因此他们才造反，以图共同诛杀晁错，直到恢复他们原有的封地才罢休。现在的对策，只有斩晁错，派出使臣，恢复他们原有的封地，那么，七国的军队就会自动撤走。”景帝沉默了很长时间，说：“除此以外，还有没有其他办法？我不会为了爱惜一个人而使天下黎民百姓遭罪。”袁盎说：“此乃唯一之策，请皇上认真考虑！”景帝就任命袁盎为太常，准备让其出使吴国。过了十多天，景帝就让丞相陶青、中尉陈嘉、廷尉张欧上疏弹劾晁错：“有负皇上的恩德和信任，离间君臣，又想把城邑送给吴国，一点儿没有作为臣子应具备的礼节，犯下了大逆不道之罪。晁错按刑律应被判处腰斩之刑，他的父母、妻子、兄弟不论老少应全部公开处死。”景帝批复说：“同意所拟判决。”晁错却一直蒙在鼓里。景帝派中尉召晁错，并欺骗他说是让他坐着车在市中巡察，于是，晁错穿着上朝的宫服在东市被腰斩。接着，景帝就派袁盎与吴王的侄子、宗正德侯刘通为使臣，出使吴国。

谒者仆射邓公担任校尉，上疏景帝分析了战况，在觐见皇帝时，景帝问道：“你从军中而来，有没有听说晁错被杀之后，吴楚叛军撤退了？”邓公说：“吴王处心积虑几十年，是因朝廷削夺了他的封地发怒，杀晁错只是他叛乱的借口，其本意却不是杀晁错啊。再说，朝廷杀晁错，我担心天下的士大夫都不敢再向朝廷进忠言了！”景帝问：“为什么呢？”邓公

说："晁错忧虑诸侯国势力越来越大，以致朝廷不能制伏，这才请求削减诸侯国封地，使朝廷更加稳固，这本来是造福万世的好事。平叛刚开始实行，他本人突然被杀。这样做，对内堵塞了忠臣的口，对外替诸侯王报了仇，我认为陛下不应该杀晁错。"于是，景帝深深地感叹说："您说得对，我也很后悔呀！"

袁盎画像

袁盎、刘通到达吴国，吴、楚军队也开始向梁国的堡垒进攻了。宗正刘通因是同姓亲属，所以先进入内殿会见吴王，让他跪拜接受皇帝的诏书。吴王听说袁盎也来了，知道他来是劝说自己撤兵，就笑着回答说："我已经做了东方诸侯国的皇帝，还向谁跪拜呢！"吴王不肯与袁盎见面，但是将其扣留在吴国军营中，准备强迫他担任吴军将领；袁盎不答应，吴王派人把他关押起来，准备将其杀死。袁盎寻找机会得以逃脱，并向景帝禀报了出使的种种情况。

此时周亚夫早已屯兵灞上严阵以待，接到汉景帝的命令后，经蓝田出武关，迅速向军事重地荥阳进军。

而此时吴、楚两国联军已把梁国围得水泄不通，梁国的军事要地棘壁（今河南永城西北）也被吴、楚叛军攻克。梁王刘武只好死守睢阳（今河南商丘南），得知周亚夫的军队到了荥阳后，刘武自然想抓住这根救命稻草，于是派人去向周亚夫求救。

但令人颇感意外的是，周亚夫居然对刘武的求救进行"冷处理"，既没有说救，也没有说不救，总之四个字：置之不理。

对于我们现代人来说，时间就是金钱，但对刘武来说，时间就是生命。眼看自己的一封封“求救信”都如牛泥入海般毫无音讯，刘武急得如热锅上的蚂蚁。于是乎，接下来我们看到这样一个奇观，睢阳城外炮火纷飞，睢阳城内刘武却愤而挥墨，当然，这封“求救信”不再送往如牛泥入海的周亚夫那里，而是直接送到了长安的汉景帝那里，书信的内容大致是这样的：“周亚夫见死不救，视人命如草菅；刘武危在旦夕，皇上务必救我。”

汉景帝只有这么一个亲弟弟，平时虽然还没有对他好到“含在嘴里怕化了，捧在手上怕掉了”的地步，但好歹有过“举杯邀明月，对影成三人”的美妙时刻。因此，接到刘武的求救信后，他马上给周亚夫下达了“速去救援梁王，不得有误”的命令。

事实证明，周亚夫就是周亚夫，他的所作所为就是和常人不一样，接到汉景帝的圣旨后，他非但没有“进军”，反而来了个“退军”，他公然置杀头之罪于不顾，向昌邑（今山东巨野东南）后撤。到了昌邑后，他便筑垒自守，像缩头乌龟一样，躲在那里再也不敢出来了。结果汉景帝盼“进军令”和梁王的告急书交相辉映，如雪花般飞过来，周亚夫都视而不见。

当然，我们如果把周亚夫想成一个懦夫的话，那就大错特错了。都说虎父无犬子，周勃英雄一世，他的儿子自然也不是一个贪生怕死之辈。况且作为汉文帝托孤之人，周亚夫没有点斤两，他能被汉文帝的慧眼相中吗？他之所以这样做，是有原因的，实际上，他早已做好了平定七国叛乱的详细军事计划。

首先是周亚夫具有独特的军事战略眼光。七国叛乱后，他的目光不是停留在被刘濞等七国联军所包围的睢阳，而是另一个叫“阳”的地方——

荥阳。荥阳有多重要，我们在楚汉之争中已经讲得很清楚了，项羽和刘邦长达四年的楚汉之争，说白了就是围绕荥阳争来争去，最后得荥阳者得了天下。而周亚夫接到正式开火的命令后，二话不说，目标直指荥阳，而且他并没有按正常的行军路线，用“直达”的方式去荥阳（事实上，反军早已在这条路上设了层层阻碍），而是以“迂回”的方式绕道右行，走蓝田、出武关、至睢阳、入武库，最后成功抵达荥阳，从而把这个军事要地牢牢地控制在汉军的手里。可见，周亚夫的确不愧是一代军事天才，对战争的敏锐力超强。

当然，这个荥阳既然这么重要，是兵家必争之地，为何“先发制人”的刘濞不先下手为强呢?

事实上，刘濞举兵时，他手下一员年轻且富有朝气的将领桓将军便这样劝过刘濞。他说吴国步兵多，有利于崎岖的险恶之地作战；汉朝军骑兵多，有利于宽广的平原之地作战，大王应扬长避短，在行军的过程中，可绕开经过的城市不去进攻，一直向西前进，以迅雷不及掩耳之势迅速夺取武库的武器库，霸占敖仓的粮道，占领荥阳这样的军事必争之地，这样进可攻退可守，以此号令天下诸侯，大事可成也。

应该说桓将军的建议和周亚夫的战略思想不谋而合。然而，刘濞在征求一些老将的意见时，众人都以“一个乳臭未干的小子懂什么兵法”投反对票。最终刘濞也认为攻城拔寨方显英雄本色，于是率兵在梁国一座城一座城地攻打。他的努力也没有白费，至少效果显著，梁国除了睢阳这个刘武的老窝还在顽强死守外，其他的重城包括军事要地棘壁在内都已签了“城下之盟”。

然而，刘濞直到兵败如山倒的时候才知道，他在梁地取得局部胜利的同时，早已失去了整个战略的全局。

因为战略眼光的不同，最终受害的便是刘武。他此时被围在睢阳进又进不得，退又退不得。恨不得生剥周亚夫的皮才解恨，然而，他不会明白，周亚夫这样退兵是有目的的。

孙子说："兵者，诡道"，"兵以诈立"。这两句，阐明了这样一个重要的思想，即在用兵与敌人作战时，必须以"诡诈"待之，方能取胜。至于运用诡诈的具体方法，孙子明确指出："故能而示之不能，用而示之不用，近而示之远，远而示之近；利而诱之，乱而取之，实而备之，强而避之，怒而挠之，卑而骄之，佚而劳之，亲而离之；攻其无备，出其不意。此兵家之胜，不可先传也。"不少学者称其为"诡道十二法"。

周亚夫自幼熟读兵法，显然对用兵之道信手拈来，在这次对敌中他完全地采纳了孙子的"诡道十二法"。他先是"实而备之"（以迅雷不及掩耳之势占领军事必争要地荥阳），然后"强而避之"（吴楚联军在梁国连连得手，士气正旺，避免与他们发生正面冲突），再然后"利而诱之"（周亚夫此时退守昌邑目的是装成"害怕"的样子，迷惑刘濞），最后是"佚而劳之"（实际上周亚夫在后退的同时，已悄悄派了一支精锐部队迂回敌后，深入吴楚联军的空虚后方进行"烧抢劫掠"政策，从敌人内部打一个缺口出来。这有点类似于楚汉之争时，彭越破坏项羽后方粮道的行为）。

周亚夫一连用了孙子"诡道十二法"中的"四法"，刘濞也不甘示弱，马上以其人之道还治其人之身，还了"诡道十二法"中的一个"卑而骄之"。对于周亚夫的"懦夫"表现，刘濞的胆子更加大了，信心更加足了，步伐更加快了，城攻得更加猛了。

刘武此时已是"城在人在，城破人亡"，在只有死守才是唯一出路的情况下，在将军韩安国和张羽的鼎力支持下，在官民们共同努力下，谱写了一曲可歌可泣的睢阳保卫战。

正在睢阳岌岌可危、即将告破之际，周亚夫的“佚而劳之”收到了奇效。他派出的奇兵弓高侯韩颓不负众望，成功绕到敌人后方取得了“破粮行动”的圆满成功。兵家用兵之道，兵马未动，粮草先行。由此可见粮食在行军打仗中的重要性。接到“断粮通知书”后，刘濞这才从暂时的喜悦和兴奋中清醒过来，没有粮食，意味着什么，他不敢再往下想。

成功就在这眼前，但却成了一个遥不可及的梦，击碎刘濞梦想的人正是“胆小懦弱”的周亚夫。恼羞成怒的刘濞继“卑而骄之”之后，马上来了个“怒而挠之”，他把所有的怒火都洒向了周亚夫，于是他决定孤注一掷，去昌邑找周亚夫进行一次大决战。

按理说周亚夫此时已在昌邑厉兵秣马恭候他多时了，应该很欢迎刘濞这支“千里追踪”的疲劳之师才对。然而，事实证明，周亚夫的举动就是和寻常人不一样，你想开打，对不起，恕不奉陪。于是乎，你攻你的，我就叫弓箭手伺候就是。刘濞如此强攻了几天都是徒劳无功，到处都是被箭射伤射死的吴楚联军。

眼看这样下去不是办法。力求于速战速决的刘濞便来了个半夜劫营。是夜，他率领大军出发了，目标直指周亚夫的大本营。

一切都看似出奇的顺利，敌人营帐前静悄悄的，连个哨兵都没有。真是天助我也，刘濞心中一喜，这回非要把周亚夫这个老匹夫来个碎尸万段才解恨。成功就在眼前，这一次不再是遥不可及的梦，刘濞手一挥，吴楚联军如同秋风扫落叶般冲进了周亚夫的大营。然而，他们的欢喜很快就成了竹篮打水一场空，因为进来之后，才发现一座偌大的敌营里竟然空空如也，没有一个人影。

刘濞再傻也明白是怎么回事了，这个时候逃命才是唯一的出路。不过，在逃命之前，他还有一句套话要说："中周亚夫那老匹夫之计也。"

接下来该周亚夫表演了，他充分发扬"诡道十二法"中的"乱而取之"精神，一声令下，汉军四面八方涌出来，慌乱中的吴楚联军只有挨宰的份儿了。

接连的打击使得吴楚联军如同霜打的茄子，前进无路，后退无门，此时军中已断粮，吴楚联军陷入了进退两难的尴尬局面。周亚夫眼看时机已到，率军和吴楚联军展开了最后的决战，过程乏善可陈，结果毫无悬念：吴楚联军兵败如山倒。

事实证明，刘濞行军打仗的本事没有，但逃跑的本领却从叔叔刘邦那里得到了真传。眼看战局无法再挽回，刘濞没有选择"坐以待毙"，而是选择了"诡道十二法"中的"亲而离之"，他只带了太子刘驹和几千亲卫军连夜逃走，剩下十多万吴楚联军只能作鸟兽散。而孤掌难鸣的楚王刘戊被迫来了个"千里大溃退"，于是周亚夫将"诡道十二法"进行到底，使出了"能而示之不能，用而示之不用"这一招，对刘戊采取只追不打、只围不歼的高级战略，最终刘戊战又不能战，退又不能退，结果只能以自杀的方式结束了自己的一生。

干掉刘戊后，众人皆以为周亚夫接下来会全力追击刘濞，但周亚夫却摆了摆手说，穷寇莫追，各位只需耐心等待就是，刘濞的人头自然会有人主动送上门来。

众人还在疑惑，唯独周亚夫在微笑，只有他自己知道，他将"诡道十二法"最后一招"近而示之远，远而示之近"使出后，刘濞已是在劫难逃。

果然，刘濞父子成了丧家之犬四处逃窜时，却发现天下之大，自己此时竟已无容身之处。好在天无绝人之路，正在他们惊慌失措时，东越王却向他抛来了橄榄枝，刘濞几乎连想都没有想就朝东越去了。

东越即东瓯，惠帝三年（公元前192年），曾封东越君长摇为东海王。后来子孙相传一直延续下来。而吴、越两国因为是近邻，关系向来很好。吴王发兵起义时，东越王还发了一万人马相助，用东越王的话说就是，人虽然少了点，但礼轻情意重。

而此时，作为一个败军之将，东越王竟然不嫌他，这令刘濞很是感动，于是他马不停蹄地赶到东越国，对东越王表示了最诚挚的谢意。然而，抬起头他才发现，东越王的脸上冷得像寒冬的雪，一双眼睛像刀子般盯着他。

刘濞不傻，自然明白了什么，一股凉意涌上心头，原来人世间根本就没有真正的情意，在利益面前，人的情意不值一提，什么友情、什么海誓山盟都抵不过功名利禄、荣华富贵。可惜他明白得太晚了，对于一个败军之将来说，不成功便成仁，这才是硬道理。原谅东越王吧，为了自己的前程，为了东越国能继续生存下去，他只能这样做了。

刘濞愿意也罢，不愿意也罢，心甘情愿也罢，不心甘情愿也罢，总之，他的人生就这样走到了尽头，留下了壮志未酬的遗憾。

花开两朵，各表一枝。就在周亚夫全力对付吴楚联军时，弓高侯韩颓成功烧掉敌人后方的粮道后也没有闲着，挥师到齐国对胶西诸国形成围攻之势。再加上此时的窦婴和栾布等人的陆续来援，最终胶西王刘印只能自刎了事。而其他几个“联合国”胶东王刘雄渠、淄川王刘贤、济南王刘辟光见胶西王自杀后，纷纷学着刘印的样子挥剑自刎了。

此时，七国叛乱中只剩下赵王刘遂，他的政治觉悟相对于其他几个叛王来说就显得迟钝些，还做无用功拼死抵抗了一段日子，最后在孤立无援中兵败自杀。而那个“想反又不敢反”的齐王刘将闾因为担心自己的“二进宫”遭到汉景帝的兴师问罪，唱着“离歌”喝着毒酒走上了黄泉路。

至此，短短的三个月时间，七国叛乱便宣告结束。大汉皇朝成功地渡过了这场危机。

七国之乱被平定

当胶西王等三个诸侯王的叛军围困临淄的时候，齐王派大夫路中向景帝报告。景帝又命令他返回齐国复命，让齐王坚守临淄，说：“朝廷军队已经打败了吴楚叛军。”路中大夫赶回时，临淄城已被三国的军队重重包围无法进城。三国叛将迫使路中大夫与其结盟，劝道：“你反过来说：汉朝廷的军队已被打败，齐国赶快投降吧。否则的话，临淄就要被屠灭了。”路中佯装应允，来到城下，见到齐王便说：“汉廷已派出了百万大军，打败了吴楚军队，正领兵前来救齐，齐一定要据城不降！”话毕，路中大夫就被三个王国的将领杀死了。当初，齐都城被困万分紧急之时，齐王曾暗中与三个王国联络，准备参与叛乱，但盟约未定；此时，正逢路中大夫从汉朝廷归来，带来吴、楚兵败的消息，齐王的大臣们又劝他不能向三国叛军投降。正好遇上汉将栾布、平阳侯曹襄等率领军队抵达齐国，打败了三国的军队，临淄之围得以解除。齐王与三国密谋勾结的事泄露出去，汉军将领就准备调集军队攻打齐国。齐孝王惧怕之下，服毒自杀。

胶西王、胶东王、淄川王分别率军队返回封地。胶西王光着脚坐在席子上喝水，胶西王的太子刘德说：“汉军已开始撤兵，据我观察，汉军兵困马乏，希望大王召集剩余军队去袭击他们。如果突袭兵败，再逃到海岛上隐蔽起来也还不晚。”胶西王说：“我的军队已损兵折将，无法作战了。”弓高侯韩颓派使者送信给胶西王，信中说：“我奉皇帝诏令诛杀不义叛军，投降便可免罪，恢复原有的官爵；不投降的，就消灭他。你准备怎样呢？我等你选择好之后，再采取相应的措施。”胶西王来到汉军营垒前负荆请罪，他说：“因我刘印不谨慎地遵守法度，惊扰了百姓，我请求将自己剁成肉酱。”弓高侯对他说：“我希望听你解释发兵的原因。”胶西王跪行数步向前，回答说：“当时，晁错蒙受天子之幸，更改高皇帝的法令，侵夺诸侯王国的封地。我们认为他的做法不符合道义，所以我们七国才发兵，准备诛杀晁错。现在既然晁错已被皇帝处死，我们决定撤兵回国了。”韩将军说：“晁错不好，你可上奏天子，可你为什么擅自调发军队去进攻忠于朝廷的封国？你们发兵的意图，不只是想杀晁错。”韩将军就拿出诏书，向胶西王宣读，然后说：“你自己想想应该如何处置自己吧！”胶西王说：“像我刘昂这样的人，死有余辜！”于是自杀了，跟着太子也都死了。胶东王、淄川王、济南王相继被处死。

郦将军挥军直抵赵国，赵王据城自守。郦寄发动进攻，久攻不下。匈奴得知吴军和楚军失败，也不愿派兵进入赵境援救赵王。栾布平定齐国率军返回，与郦将军的军队会合，引导河水灌入赵境，城墙被冲毁，汉军杀入城内，赵王被迫自杀。

景帝深知是齐国首先抵御叛军，即便后来由于情势所迫与叛军勾结，那也不是齐王的罪过，就立齐孝王的太子刘寿为齐王，就是历史上的齐懿王。

济北王也准备自杀，想侥幸能够保全他的妻儿不被杀。齐国人公孙玃对济北王说：“我请求为大王去劝说梁王，并通过梁王向皇上解释原委，如果皇上不采纳我的劝说，大王再死也不晚。”公孙玃就去求见梁王，说："济北国的封地，东邻齐国，南接吴越，北面受到燕国和赵国的威胁。这种地理位置，随时都可能被人瓜分，济北王没有足以自守的权谋，也没有足以防御外敌的实力，又没有什么奇方妙计可用来抵御患难。虽然他曾冒失地说要与吴国联合行动，但却不是出于他的本意。假若当初济北王不顺从吴王，那么，吴国一定会先放过齐国，攻占济北国，以之来诱使燕赵来统领济北，这样的话，完整的诸侯联盟就会在崤山以东形成。现在吴王会合七国的军队，驱使没有受过训练的徒众，挥军西进与天子争夺天下，而唯有济北国恪守为臣之节不降，使吴国丧失盟友而孤立无援，只能艰难地单独进军，结果一蹶不振，土崩瓦解。究其原因，就是由于济北国坚守不降的贡献。如果让小小的济北国与几国叛军抗衡，无异于以羔羊斗虎狼。济北王恪尽职守，不肯屈服，可称得上忠心耿耿了。济北王有这样的功绩道义，竟然还受到朝廷的怀疑，整天无法面见天子，不知如何是好，甚至使他产生了后悔当初没有与吴王联合行动的念头，这对国家是大大的不利。我担心那些恪尽职守的诸侯国，会因为济北国的遭遇而怀疑当今天子。我私下考虑，当今能够直入长乐宫和未央宫，在太后和皇上面前敢于据理力争的，只有大王您一个人。这样，您上能够保全即将亡国的济北国，下有安定百姓的美名，如此，您的功德就像深入骨髓，您的恩义仁惠将被世代相传。希望大王认真考虑这件事！"梁孝王听后很高兴，马上派人急速进京向朝廷奏报。因此，济北王才能够不被处以刑法，被改封到淄川国为王。

河间王太傅卫绾平定吴、楚叛军有功，景帝将他任命为中尉。卫绾曾以中郎将的身份侍奉文帝，此人除为人忠诚、小心谨慎之外，无其他特长。景帝做太子的时候，曾召请文帝的左右侍从饮酒，但卫绾推说身体有病没参加宴会。文帝临终前，嘱咐景帝说："卫绾是忠厚长者，你要好好对待他！”所以，景帝对他是宠幸有加。

夏季，景帝下诏说：“官吏百姓有被吴王刘濞等人连累而应予以判罪的，以及由于从军而逃亡他处的都给予赦免。”景帝打算立吴王之弟衷侯刘广的儿子刘德接续当吴王，让楚元王的儿子刘礼接续当楚王。窦太后说：“吴王是宗室中的长者，理应为宗室做忠于朝廷的表率，但他却率领七国率先发动叛乱，扰乱天下，为什么还让他的侄子担任吴王！”于是景帝下诏不许再立吴王，而允许楚王续后。乙亥，景帝改封淮阳王刘余为鲁王；改封汝南王刘非为江都王，管辖原属吴国的封地；封立宗正刘礼为楚王；封立皇子刘端为胶西王，刘胜为中山王。

此后，景帝为了进一步削弱诸侯王的权力，以加强中央集权，下令取消各诸侯王治理百姓的权力，只有生产衣食，收缴租税的权力，接着又减缩侯国的统治机构，降低侯国官职的等级，丞相为相，掌王国政事；内史治民，与郡太守相同，直接听命于中央；取消御史大夫、廷尉等官，重要官员都由中央任命。这样一来，诸侯王国虽在，但已与郡基本相同，成为中央直接管辖的一级地方行政单位。

汉武帝时，为了进一步削弱诸侯王的势力，采纳主父偃的建议，于元朔二年（公元前127年）颁布了“推恩令”，规定诸侯王死后，除嫡长子继承王位外，其他次子可分割侯国的部分土地为列侯，列侯归郡统辖，侯国由此越分越小，力量越来越弱，而中央的直接辖区（郡县）日益扩大，进一步加强了中央集权。

几年之后，淮南王刘安和衡山王刘赐招纳士人，私下制造兵器，阴谋发动叛乱。元狩元年（公元前122年），武帝下令逮捕二王，二王皆自杀，两国被废国而改为郡。武帝又制定了《附益之法》，不许诸侯王招结宾客，限制他们的活动。

元鼎五年（公元前112年），汉武帝以祭宗庙社稷为理由，向诸侯收黄金以帮助祭祀，以所献酎金的分量不足或成色不好为借口，废除诸侯王一百零六人，此后，还以种种罪名废掉一些侯国。至此，诸侯国再也构不成对中央的威胁，同姓分封制度名存实亡，先进的郡县制终于战胜了分封制，封建中央集权制得到了空前的加强。

汉景帝加强皇权

西汉政权建立后，统治者虽力求安定，与民休息，以巩固政权。但是，来自统治集团内部的争权夺利斗争，一直搅得天下难安，基业不固。特别是握有实权的诸侯王，从异姓到同姓，窥伺皇位的野心家大有人在，纷纷梦想取而代之，致使动乱接连发生，列土封王的弊端暴露无遗。先是各异姓王称霸一方，接踵反叛；继则诸吕谋逆，几近取代刘氏；最后是同室操戈，七国叛乱，付出血的代价。

决策失误，措施乖谬，必然要付出代价。刘邦为巩固政权，在削除各异姓王的同时，又相继封宗室子弟11人为王，形成燕、代、齐、楚、梁、赵、吴、淮南、淮阳、荆诸同姓藩国犬牙相制之势，以为天下一家，永结磐石之固。后来，在铲除诸吕、安定刘氏斗争中，以齐王刘襄为代表的诸同姓王，确实体现了刘姓一家一致对外的藩屏作用。但是，刘邦等却忽略了同室操戈、骨肉相残的历史教训，从而埋下祸根，遗患后世。

这些同姓诸侯王国，跨州兼郡，连城数十，山海田泽，赋敛自资。而且握有军权，拥兵自卫，宫室百官，制同皇帝。随着势力发展，血亲关系日渐淡漠，各以自身的利害为转移，轻则徇私枉法，重则阴谋叛逆。在全国62郡中，诸侯王共占去47郡，只有15郡由朝廷直接管理，而且公主、列侯的彩邑，又占去15郡中相当一部分，使国家呈现头轻脚重、干弱枝强局面，对诸侯王失去控制力。

政治家常有超人的观察力，或许刘邦还有预知未来的特异功能。在他封侄子刘濞为吴王时，认为刘濞有反相，预言50年后东南有乱，可能就是刘濞带头造反。但是，对未来的预感并非现实，眼前是刘邦担心“吴会稽轻悍，无壮王填之，诸子少”，只好立刘濞为吴王，坐镇会稽。同时，在当时形势下，也无法对未来作出防备措施，仅告诫刘濞“汝慎毋反”，而刘濞也只能回答“不敢”。但是，事情并未按刘邦的意愿发展，历史也未按刘濞的承诺兑现，50年后果然爆发了以吴王刘濞为首的七国之乱，如果刘邦地下有知，定是追悔莫及。

统治集团间，如果权力失衡，利益不均，常会直接引发矛盾与斗争。在汉文帝即位以前诸侯王势力仍很弱小，尚不足以同朝廷公开抗衡，两者之间的矛盾主要是同诸吕争夺政权。诸吕覆灭以后，权力回归刘氏，天下同姓一家，矛盾也立即转为同室操戈，手足相残。最先起来造反的是刘邦的孙子济北王刘兴居。吕后时，为网罗刘邦子孙为己用，以刘兴居为东牟侯，其兄刘章为朱虚侯，宿卫长安。诛灭诸吕角斗中，刘邦子孙中属刘章功劳最大，其次是刘兴居。因此，诸大臣们曾许诺尽以赵地王刘章，尽以梁地王刘兴居。但文帝即位后，得知刘章和刘兴居在铲除诸吕时，曾想立其兄齐王刘襄为皇帝，内心很不平衡。故而论功行封时，文帝出于私心，有意贬低刘章和刘兴居的功劳，不肯履行大臣们许下的诺言，于文帝前元二年，割齐国两郡之地，封刘章为城阳王、刘兴居为济北王。对此，刘章兄弟二人愤愤不平，伺机发难，讨个公道。前元三年，匈奴入侵，来势甚猛，汉文帝发边郡车骑八万，命丞相灌婴率军迎击。随后，文帝又亲临太原督阵，鼓舞将士士气。此时，刘章已病故，刘兴居得知皇帝出京，认为是亲自击讨匈奴，京城必然空虚，时机不可错过，立即举兵造反。消息很快传到太原，文帝立感边患事小，内乱事大，十万火急罢兵还朝，亲自指挥平乱。命柴武为大将军，率兵十万五千，击讨刘兴居。经过月余围剿，终将刘兴居抓获。刘兴居被俘后，自知罪不可赦，不等文帝下令处死，便自行了断狱中。实际上，刘兴居以一郡之力与朝廷争衡，有如螳臂当车，不足以撼动朝廷这棵大树。但是，可怕的是它具有很大的煽惑性，假若一旦拖延下去，难免会引起连锁反应导致诸王联手对抗朝廷，势态就严重了。刘兴居虽然被剿灭了，但其他诸侯王还在，潜在的威胁仍不可忽视。

文帝初期，诸侯王自以为亲贵，骄横不法，渐成割据之势。特别是淮南王刘长，贵为刘邦少子，文帝小弟，恃宠而目无尊长，数违诏命。其居处行止、皆无异于皇帝，擅立刑法，残害无辜，招降纳叛，包藏罪犯，任意罢退朝廷命官，自置属吏，滥赐爵位以笼络人心，为报私仇擅杀大臣。其母赵姬，原为赵王张敖美人，后献给刘邦，遭吕后妒害致死，辟阳侯审食其知情而不肯营救。文帝前元三年，刘长身带兵器至审食其家，将其杀死。对此，文帝一再姑息，不忍治罪，仅令国舅薄昭致书规劝而已。但是，对于无法无天的恶人，任何善意劝告都不会起作用，非但不能使其改过自新，反而更加助长其有恃无恐。文帝前元六年，刘长“谋为东帝”，欲与文帝平分江山，阴使属下70人，手推40辆满载兵器的小车，反于长安城北的谷口。又令人与闽越、匈奴勾结，欲使其发兵，共同举事。但是，事情很快败露，文帝也不再心慈手软，立即使人惩治，召刘长到京伏法。为逃脱罪责，刘长采取杀人灭口手段，将两个参与谋反的头头暗自杀害，然后到长安听从发落。刘长到长安后，丞相、御史大夫、宗正、廷尉等大

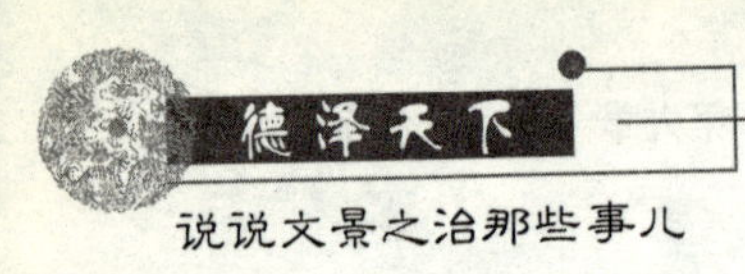

臣，分别向文帝奏报刘长种种“废先帝法，不听天子诏”的罪状，一律认为“长所犯不轨，当弃市”，“请论如法”。文帝不忍亲自处死少弟，乃“赦长死罪，废勿王”，发配蜀郡严道。而且遣其妻小与之同居，令“县为筑盖家室，皆日三食，给薪菜盐炊食器席蓐”，并“给肉日五斤，酒二二斗，令故美人才人得幸者十人从居”，使其仍可过着非常人可比的花天酒地的生活。但是，刘长素日骄慢成性，刚愎自用，不肯受辱，在发配蜀郡途中绝食而死。这本来是咎由自取，死有余辜，而文帝却悲痛大哭，认为是自己把刘长推上绝路，不知如何处置其后事。最后只好按郎中袁盎计策，嫁祸刘长所过诸县传木奉送酒食者，下令一一逮捕处死，以塞天下口舌耳目。

淮南王谋反事件，对于汉文帝来说当是一副很好的清醒剂，应对诸侯王不法行为予以有效约束，预防此类事件的再次发生。但是，汉文帝碍于手足之义、骨肉亲情，既对刘长罚朱抵罪，又对其他诸侯王失于明察戒备。以贾谊为代表的少数政论家，面对诸侯割据势力的膨胀、坐大，深为国家安危忧虑，毅然向文帝上《治安策》，痛陈射弊，力主匡正，大声疾呼：“臣窃惟事势，可为痛哭者一，可为流涕者二，可为长太息者六，若其他背理而伤道者，难遍以疏举。进言者皆日天下已安已治矣，臣独以为未也。日安且治者，非愚则谀，皆非事实知治乱之体者也。夫抱火厝之积薪之下而寝其上，火未及燃，因谓之安，方今之势，何以异此！本末舛逆，首尾衡决，国制抢攘，非甚有纪，胡可谓治！”比喻天下之势如同“方病大肿，一胫之大几如腰，一指之大几如股，平居不可屈信，一二指搐，身虑亡聊，失今不治，必为痼疾，后虽有扁鹊，不能为已”。指诸侯王势大之后，以至亲之故，无不欲自为皇帝，不甘俯首听从朝命，而废法犯禁，称雄一方。在这种情况下，如若惩治一个，余者必然环顾而四起，其强者先反，疏者必危，亲者必乱。最好的办法是“莫若众建诸侯而少其力，力少则易使以义，国小则无邪心”。建议“割地定制，令齐、赵、楚各为若干国”，以分散其势力。如果“地制一定，宗室子孙莫虑不王，下无背叛之心，上无诛伐之志”，“法立而不犯，令行而不逆”，则天下大安大治。

贾谊的巨识宏论，足可使西汉建久安之势，成长治之业，不失为治国安邦良策，终于使文帝悦服，拟委贾谊以公卿之位。但周勃、灌婴等一伙思想僵化、见识短浅的老臣，只图把持自己的官位，不肯为国让贤。周勃、灌婴虽是安汉重臣，功劳显赫，但在治理国家上则胸无良策，甚至偏执狭隘，压制那些识见高过自己的人才。早在楚汉战争期间，两人就在刘邦面前合伙诋毁陈平之能，中伤陈平华而不实，背兄盗嫂，事主反复无常，收受贿赂等，差点使刘邦失去一位谋臣。此时，两人对贾谊又重演故技，肆意诋毁，称其“年少初学，专欲擅权，纷乱诸事”。汉文帝屈从周勃、灌婴谗言，不敢再亲近贾谊，感情渐渐疏远，遂断了委贾谊以公卿之位的念头。对贾谊的策略也置之脑后，并将贾谊外放，任长沙王太傅去了。在老臣们的排斥、忌妒下，贾谊空有满腹治国经纶，被外放江南以后，终日忧国忧民，伤悼壮志未酬，抑郁而死，年仅33岁。文帝号称贤明，尚不能用贾谊之才学，反映出僵化的老臣左右朝政，实是国家不幸！

贾谊临死前夕，诸侯王分裂势力有增无减，国家面临四分五裂危机，内乱已迫在眉睫，文帝不得不用贾谊之计，乃徙其子淮阳王刘武为梁王，得大县四十余城，以钳制齐、赵之地，成父子两代之利。至文帝前元十六年（公元前164年），即贾谊死后四年，形势更加严峻，文帝始用贾谊之计，“乃分齐为六国，尽立悼惠王子六人为王”，“分淮南为三国，尽立厉王三子以王之”，使齐王刘襄和淮南王刘喜的势力首先被削弱。而对诸侯势力最强大的吴、楚两国仍未敢轻易触动，矛盾危机继续存在。

文帝后期，晁错继贾谊而起，更是一位力主削藩、加强中央集权的激进者。他的才学担识，博得文帝称赏而“奇其材”，被任命为太子家令，号称“智囊”。文帝又通过策对，以晁错的回答为第一，擢升中大夫，成为皇帝顾问。景帝即位后，先后以晁错为内史、御史大夫，协助皇帝更定法令，论治诸侯王罪恶，削其封地，收其枝郡，名震朝野，备受重用，获得贾谊不曾有过的殊荣。但是，晁错的政治主张和他所参与制定的政策、打击诸侯势力等，直接触犯了诸侯王利益，为诸侯王所切齿仇恨，为邪佞所不容，又遭到贾谊所不曾受过的谋害。诸侯王忧虑朝廷削地无已，不能自保，惶惶不可终日，个个蓄势待发，决心同朝廷一决高下。至景帝初期，终于爆发了吴楚七国之乱，用武力与朝廷抗争，保护自身利益，并以诛晁错为名来号召诸侯，掩天下耳目，把一个忠心耿耿的谋臣推上了断头台，使之成了统治集团内部争斗的牺牲品。

吴在诸侯国中势力最强，拥有三郡五十三城的广阔地域，强兵五十万，盛产铜、盐，占据三江五湖之利。自高祖十二年（公元前195年），刘濞被立为吴王后，即心生歹念，图谋不轨，大展乱世奇才。为实现其计划，积极安抚百姓，赏赐爵禄，争取民心；延揽人才，招诱逃犯，蓄积反动势力；大力开发资源，炼铜铸钱，煮海水为盐，经日积月累，富甲天下，虽免征赋税，而国用饶足。至于吴国广大百姓，谁给他们带来了好处，就拥护谁，不太关心统治集团内部的是非曲直。因此，刘濞颇得吴民拥戴，乐于为用，成为其敢于造反的重要基础。事件爆发以后，刘濞公开承认：“寡人节衣食用，积金钱，修兵革，聚粮食，夜以继日，三十余年矣，凡皆为此。”足见七国之乱非一朝一夕酿成，早在高祖刘邦时已种下了祸根。

鄙俗富者易侈，贵者易骄。刘濞居富贵之位，渐成骄侈不驯之性，俨然有如天子一般。至文帝时，刘濞与朝廷矛盾公开化。先是其骄悍的太子与皇太子一起玩耍时，以下犯上，相争不让，被皇太子使人杀死，归葬吴国。吴王既遭伤子之痛，又生归葬之恨，立刻恼羞成怒，将儿子尸体送回长安埋葬，以示抗争。自此衔恨在心，称病不朝，有失藩臣之礼。对此，文帝心中也十分明白，知道吴王实际无病，以子死之故而与朝廷作对，多次责问吴使。刘濞闻知皇帝责问，愈益惶恐，遂加紧策东越发兵助战。吴起兵后，楚、赵、胶东、胶西、济南、淄川六国，紧随其后，也起兵反，而且赵王刘遂又使人与匈奴连兵，顷刻天下大乱。

刘濞率兵自广陵出发，顺利渡过淮河，与楚军会师，并肩向西，进入河南郡后，直逼关中。凡搞阴谋，总须有个借口，以掩盖不可告人的目的，而吴王既以诛晁错为号召，又赤裸裸地表明要当皇帝。在号召各国起来造反的反书中，声讨晁错“侵夺诸侯之地，使吏劾系讯治，以侵辱之为故，不以诸侯人君礼遇刘氏骨肉，绝先帝功臣，进任奸人，诳乱天下，欲危社稷”，而皇帝多病昏暗，不能省察，故而举兵诛之，以清君侧，以安社稷。同时，毫不掩饰与朝廷抗衡的野心，自称为了今日之事，已准备了三十年，非一朝一夕，远在晁错削藩之前。

七国反书传到京城，晁错认为吴故相袁盎曾声言吴不反，是受了吴王金钱收买，专为吴造舆论掩盖，欲治其罪。袁盎闻知后，先发制人，通过窦太后侄子窦婴向景帝进谗，说唯有杀了晁错，吴、楚方可退兵。乱了阵脚的汉景帝误信谗言，将晁错满门斩首。晁错、袁盎两人素日虽同朝为臣，却坐不到一起，经常钩心斗角，互相倾轧。只因晁错能力高过袁盎，事情做得多，遭人忌妒，成为众矢之的。袁盎利用景帝失察，不明真相，借刀杀人，使晁错成了冤魂屈鬼。本来袁盎也曾向景帝说过：

“诸侯太骄必生患，可适削地。”但看风使舵，不作坚持，只图左右逢源，保官活命。为吴相时，失职不谏，讨好吴王，说吴王不反，日以饮酒为事，苟全性命。景帝听信此种邪佞之言，拿忠臣开刀，令天下寒心，地道昏君所为。

晁错已死，吴、楚等叛军不退，刘濞反而自称“我已为东帝”，继续挥师西进，逼近梁国。梁王刘武向朝廷告急，请求景帝派兵救援。至此，景帝才知悔悟，错杀了晁错，只好兴兵讨伐。遂任命周亚夫为太尉，窦婴为大将军，率领三十六万大军平乱。周亚夫先是避开吴楚兵锋，深沟高垒，别使轻兵断绝叛军粮道。吴王擅权独任，既不敢分兵给部将，又不肯接受他人建议，虽有数十万大军，却成了孤家寡人。很快因粮道断绝，军中乏食，不战自乱，向回溃退。周亚夫乘势出精兵追歼，大破吴楚叛军，斩杀十余万人。吴王弃军而走，逃入东越，被越人杀死。楚、赵等六王，见大势已去，一一自杀，历时仅三个月的七国之乱土崩瓦解。

平乱中，太尉周亚夫知己知彼，敢作敢为，是朝廷军队取胜的关键人物。为了取得全局性的胜利，置景帝救援梁国的诏命而不顾，大胆牺牲梁国局部利益，不奉诏命，终于集中兵力打败吴军，赢得全局胜利，表现出大将才能，战争又创造出一位英雄。刘邦临终称周勃可安刘氏，文帝死前称周亚夫可嘱大事，两人所言尽皆应验，君臣槲知，是西汉兴盛的重要因素。

西汉政权自诞生之日起，就存在分裂割据危机，不论是异姓王还是同姓王，只要存在握有实权的诸侯王，中央集权就得不到真正的加强与巩固，分裂割据的危险就存在。因此，汉景帝平定七国之乱后，着手削弱诸侯王的权力，即使对他的儿子也不例外。一是进一步分散、缩小诸侯王势力范围，其弟梁王死后，分梁为五国，立梁王五子皆为王；二是诸侯王不居国理事，留在京城，置于皇帝眼皮底下，便于随时监督；三是取消诸侯王理民治国权力，改由朝廷所任相国与内使治理，直接听命朝廷指挥，同郡一样。至汉武帝时，又颁行《推恩令》，规定诸侯王死后，除嫡长子袭封外，其余子弟皆分得王国中的一块土地为侯，归郡管辖，使王国进一步缩小，无力兴风作浪，而中央直接管辖范围进一步扩大。宗室子弟一一封侯后，有名有利，千恩万谢感激皇帝，有利于增强向心力，巩固统治政权。

经过一系列改制，诸侯王的封国仅是食邑、衣食租赋而已，权力全部集中于朝廷手中。从而结束了自西周以来延续千余年的诸侯割据体制，皇权空前加强，使西汉真正成为封建专制集权国家。

忠臣含冤九泉下

汉景帝刘启是位谨遵祖业、墨守成规的皇帝。在被号称“文景之治”的盛世中，仅是守成，少有建树，唯平定七国之乱后，将诸侯王权力收归中央，实现全国真正统一，是其主要业绩。

文帝前元元年（公元前179年），立年仅10岁的长子刘启为太子，32岁始即皇帝位，故而景帝在皇储位置上经过23年见习，在政治上较为成熟。此时，西汉经过半个世纪的休养生息，已呈现出“海内殷富，兴于礼义”的景象，政权得到了巩固与加强。一些开国老臣相继去世，旧的影响与阻力相对减少，景帝完全可以按照自己意愿行事，大展宏图。但是，景帝自幼在黄老思想熏陶下长大，其母窦皇后对其训诫甚严，“不得不读《老子》，尊其术”，养成了安于现状、不思进取的消极惰性。对祖父两代治国之道谨遵无违，继续推行黄老政治，与民休息，轻徭薄赋，劝课农桑，减省笞刑，治狱务宽，修好匈奴与之和亲等，故而史称“孝景遵业”，是个典型守成的皇帝。

随着国家政权的巩固，经济走向发展繁荣，艰苦创业已成为过去，政治上的腐败逐渐暴露出来。官场中经常钩心斗角，嫉贤妒能、趋炎附势、阿谀奉承等已渐成风气。官吏的贪污受贿、经济犯罪等腐败行为时有发生。景帝在解决这些腐败问题上，往往表现出平庸弱智，束手无策，致使政多失误。前元元年（公元前156年）七月，景帝认为以前对于官吏受部下饮食吃请，处以免职，有些惩罚过重，而对于收受贿赂、投机倒把的经济犯罪活动，处以没收赃物或降职，惩罚过轻，令廷尉与丞相重新更定惩治条令。规定政府官员和无职而食国家俸禄者，在其职权所辖范围内和所到之处，凡受其属下饮食，须计价付费，不许白吃白用，否则必予追究论处；官吏中有从事贱买贵卖经济活动者，皆以坐赃为盗论处，没收其财物；官吏调转或免职时，如果接收部下送给财物，一律处以夺爵免职，贬为庶民，无爵者罚金二斤，没收所受财物。为使这些条令得到认真贯彻落实，鼓励揭发检举，广泛监督，将没收财务全部赏给揭发检举者。

事实上，官吏的经济犯罪活动，远非几条法令所能禁绝，只要在官吏中混入唯利是图者，经济犯罪就会发生。因此，关键是纯洁官吏队伍，提高官吏素质，肃清奸佞不法之徒。至中元五年（公元前145年），官场腐败又有新的发展，景帝公开承认：“吏或不奉法令，以贷赂为市，朋党比周，以苛为察，以刻为明，令无罪者失职”，“有罪者不伏罪，奸法为暴”。说明官吏互相勾结，有法不依，胡作非为，成为天下公害。后元二年（公元前142年），景帝又称：有些官员“诈伪为吏，吏以货赂为市，渔夺百姓，侵牟万民”。甚至有些县丞“奸法与盗盗”，官吏队伍极度不纯，祸国殃民事件层出不穷。景帝死前，终于领悟须选廉士为官，认识到“其唯廉士，寡欲易足”，耻于货赂为市行为。放宽廉士为官条件，由原来交纳十万钱为官，改为四万钱，以便“无令廉士久失职，贪夫长利”，从根本上整顿官吏腐败。

景帝的平庸，还表现在官场角斗中，他是位不称职的裁判，明显表现出偏袒所爱、助长歪风、轻信谗言、错杀忠良的行为，致使奸佞用事，正义难张，给国家造成无法挽回的损失。先是丞相申屠嘉，是位资深老臣，以其廉直无私的高尚品德和勤于国事的政绩，由一介武夫，一步步升为百官之长。最初，随刘邦争霸天下，转战四方，以其勇武为一队之长，后升为都尉。惠帝时，积功任淮阳郡守。文帝时，出任御史大夫，再迁为丞相。景帝即位后，继续以申屠嘉为丞相。但是，自晁错步入政坛后，以其深谋远虑，宏论巨识，事事关心社稷安危，取得文景父子信任，经常单独与其议事，“幸倾九卿，法令多所更定”，使应司其职的申屠嘉被冷落一旁。按职司，晁错仅是掌治京邑的内史，景帝不应经常使其越职议事，背上人微而言重的包袱，成为官场中的不祥之兆。由于景帝过分依赖晁错献计献策，终于引起申屠嘉不满和忌恨，展开明争暗斗。景帝前元二年（公元前155年），晁错的官邸内史府坐落在太上庙内墙与外墙中间，府门东向，出入不便，晁错擅自将太上庙外墙凿通，改由南门出入。申屠嘉闻知此事后，认为晁错触犯刑律，大逆不道，欲据以诛杀之，以泄往日之愤，晁错得知这一消息后，立刻入宫拜见皇上，抢先言明此事，请皇上予以化解。待申屠嘉奏报晁错擅凿庙墙为门，按律当斩。请求交廷尉治罪时，景帝却对申屠嘉说晁错所凿不是庙墙，是庙外空地之墙，而且是皇帝让他凿墙为门，没有犯罪，不能绳之以法。既然景帝如此包庇晁错，申屠嘉只好作罢，谢恩退出，深悔没有先斩后奏，低估了晁错的诡计，轻信了景帝的英明。事后，申屠嘉一气之下，病卧不起，呕血而死。七年过后，景帝长子临江王刘荣在太庙内墙外空地上建筑宫室，被送交中尉治罪，而景帝却不予过问，刘荣被逼自杀。两相对照，亲疏昭然，景帝对晁错的宠信超过了亲骨肉。申屠嘉死后、景帝任晁错为御史大夫，位列三公，使其名正言顺参与朝政。

曾先后出任齐及吴相的袁盎，在官场角逐中，以多谋善断、敢为直言博得皇帝和大臣们的赏识，也蒙骗了许多善良的人。事实上，袁盎是个不学无术、善于投机、唯利是图的小人。为了保全自己，不择手段，以牺牲他人利益和性命，换取自己的荣耀。他尤其不喜欢晁错，晁错也很讨厌他，两人势同水火，不能同室而语。

景帝时，晁错升任御史大夫，纠察百官，弹劾恶吏，是景帝的忠实鹰犬。而袁盎自文帝时告官归家，至景帝即位后仍无进身机会，常游说于大臣之间。兜售私智，取悦于人。晁错曾使人暗察袁盎任吴相时，私受吴王财物，为吴王开脱罪过，当依法治罪，奏请景帝批准。但是，景帝失于明断，诏赦其罪，仅免为庶人了事。吴、楚七国之乱爆发后，再次勾起晁错要对袁盎治罪的念头。他认为袁盎受了吴王金钱，专门为吴王掩盖反情，声言吴王不反。而今吴王已反，袁盎一定知道吴王的阴谋计划，欲请皇帝批准审问法办袁盎。消息传到袁盎耳中后，袁盎先下手为强，假景帝之手杀害晁错，使忠臣大为寒心，校尉邓公点拨景帝说："吴为反数十岁矣，发怒削地，以诛错为名，其意不在错也。且臣恐天下之士拊口不敢复言矣。""晁错患诸侯强大不可制，故请削之，以尊京师，万世之利也。计划始行，卒受大戮，内杜忠臣之口，外为诸侯报仇，臣窃为陛下不取也。”最后景帝不得不承认：“公言善，吾亦恨之。”对邓公看法表示赞同，后悔杀了晁错。再聪明的人也会有失误，何况是平庸之辈，只不过不是存心想做错事的人，尚不属于无道。但是，历史上无数奸佞，往往是利用君主的平庸以售其奸，令忠臣无辜蒙冤，成为平庸的牺牲品。

吴楚七国之乱爆发后，景帝按文帝“即有缓急，周亚夫真可任将兵”的遗言，令周亚夫为太尉，统率大军平乱，不违父命。在平乱过程中，周亚夫出奇兵，扼要津，深壁垒，抗诏命，仅用三个月时间，便平定了七国之乱，不负文帝所托和景帝信任。至景帝前元七年（公元前150年），周亚夫以功劳、德望迁升丞相，更为景帝所倚重。但是，正直的人很难适应官场中纷乱如麻的矛盾，稍不留神就会落入陷阱。在景帝成群的妻妾之中，有六位夫人为他生下十四个儿子。这六位夫人都有资格立为皇后，十四个儿子都有资格立为太子。但是，皇后和太子的位置又都只有一个。为了争取坐上这唯一的宝座，成为后宫经常发生的最激烈、最残酷斗争的主要因素，而且使许多朝臣卷入这场斗争之中。最初，景帝立栗姬所生临江王刘荣为太子，王夫人所生刘彘为胶东王。于是，争当皇后和太子的斗争首先围绕这两对母子展开，经过种种阴谋狡诈手段，令景帝由爱转恶，并以其所爱易其所恶，将太子废为临江王，以胶东王为太子，王夫人为皇后。在这场争储斗争中，正直的周亚夫认为废立太子是天下头等大事，表示反对，而景帝不从，并开始疏远周亚夫。另外，七国之乱时，周亚夫为争取全局胜利，不肯调兵援救梁国，使梁王与其母窦太后衔恨在胸，成为政敌，经常在景帝面前诋毁周亚夫，制造君臣不和。再者，王皇后通过窦太后建议封其兄王信为侯，周亚夫坚持“不有功不得侯，不如约，天下共击之”的祖训，反对封王信为侯，既得罪窦太后，

更使王皇后怨恨。接着匈奴王徐卢等五人降汉，景帝欲封之为侯，周亚夫认为背主降敌、不守臣节之人，不可为侯，再一次违背圣意，而景帝对周亚夫意见却不以为然，悉封徐卢五人为侯。周亚夫为坚持正义而得罪权贵，汉景帝不辨是非而讨厌忠良，对周亚夫言不听、计不从，周亚夫只好称病辞职，离开官场。这又正中景帝下怀，立即宣布免去其丞相职务，令其回家养老。

周亚夫谢病免相后，心中始终难于平衡，很想找个机会发泄。不久，景帝在宫中召周亚夫赐食，入席后，周亚夫见桌子上只有一大块熟肉，既未用刀切开，又没有筷子，心里很不是滋味，感到景帝是在戏弄自己，随即也就不客气起来，让侍宴的人取筷子来。景帝见状笑着对周亚夫说：这还不能使你得到满意吗？令周亚夫立即脱帽谢罪，感谢皇帝赏赐，遂不欢而散。景帝望着周亚夫走出的背影，自言自语地说："此怏怏，非少主臣也。"认为周亚夫桀骜不驯，不可辅佐未来的皇帝。同一个周亚夫，文帝却认为他可属大事，有缓急可任大将，并经过实践验证，文帝很有远见。但在景帝眼中，周亚夫则不可为少主之臣，被贬回家，弃而不用。原因很简单，能臣须有明君驾驭，否则能臣为维护朝廷利益而违圣意、逆龙鳞，会被视为以下犯上，不可信用。

周亚夫闲居家中，其子向赣廷制造兵器的工官尚方购买五百甲楯，为老子将来陪葬用。但在雇人往家运回时，不给雇工运费，引起雇工不满，向朝廷告发其盗买县官器具，景帝遂将此案交廷尉查处。廷尉揣知圣意，决计定其死罪，以谋反案进行审问。周亚夫据实回答说："臣所买器，乃葬器也，何谓反乎？"狱吏却说："君纵不欲反地上，即欲反地下耳。"明确表示活人要替死后的鬼魂顶罪，加倍逼迫周亚夫招供。君让臣死，臣岂能活，周亚夫只好在狱中绝食五日，呕血而死。又一位忠臣含冤九泉之下。

历代多称赞西汉文景时期的德治，但在很大程度上是景帝借了文帝的光。仔细推敲起来，景帝可称道的政绩并不很多，特别是对待忠臣的态度，用而生疑，疑而罢免，免而害之，不分是非曲直，不能称为好皇帝。

第十章 无为胜有为

汉景帝刘启与父亲一起开创了“文景之治”。他是残暴还是软弱？他是有为还是无为？他如何对待匈奴、诸王？他用什么方式稳固皇权？

梁王刘武最得宠

梁王刘武是汉文帝次子，与其兄汉景帝同母。

汉文帝有四个儿子，依次是长子刘启即景帝，二子刘武，三子刘参，四子刘胜。文帝即位后，封刘武为代王，刘参为太原王，刘胜为梁王。第二年，刘武被改封淮阳王，十年后，梁王刘胜去世。文帝十二年（公元前168年），文帝听从贾谊的建议，又改封刘武为梁王，因此，从做代王算起，刘武在做梁王前已有11年的国王经历了。

景帝即位后，因与梁王同母，对其十分优待宠爱，梁王辖四十多个大县城，基本上都是泰山以南的肥沃之地。景帝给他的赏赐更是不可胜数，国库中金钱成千上万，珠玉宝器比京师还多。梁王在自己国内大兴土木，修筑了东苑，方圆三百余里，并在广睢阳城七十里内，大肆修治富庭房屋，还修了一条三百多里的路，将自己的宫殿和平台相连。他还招募四方豪俊之士，如吴人枚乘、严忌，齐人羊胜、公孙诡、邹阳，蜀人司马相如都成为他的宾客。景帝二年（公元前155年），梁王入朝时，汉景帝派使者持节坐着四马拉的车来迎接他，到了京师以后，也是宠幸无比。梁王进入皇宫就陪侍皇上一起乘辇车，外出时也与皇上一同乘车，并和皇上一起到林中狩猎。梁王还趁此机会请求留在京师达半年之久，在此期间，梁侍中、郎、谒者被引见，进出皇宫，同朝廷的宦官没什么差别。

景帝三年（公元前154年）冬十月，梁王又来朝，当时景帝还未立太子，有一次景帝对梁王说：“我若去世了就传位给你。”梁王虽然知道此话不一定当真，但还是非常高兴，赶紧道谢，窦太后也表示赞成。但当时还是詹事的窦婴反对这件事，他说：“天下是高祖的天下，父传位于子是汉朝的规矩，皇上为何要传位于梁王呢？”窦太后为此憎恨窦婴，窦婴因病免职后，太后将他排斥在公卿之外，还不许他上朝奏请皇上。在太后的纵容下，梁王也就更加有恃无恐了。

当以吴国为首的七国发动了七国之乱时，梁王未参与他们的阴谋和行动，吴楚联军首先进攻梁国，虽然梁国几次被打败，但最终顶住了攻势，打败了吴军，为中央平息七国之乱做出了贡献，梁王还因此得到了天子赏赐的旌旗。

汉景帝中元二年（公元前148年），太子刘栗被废，窦太后想立梁王为太子，梁王拜见窦太后时，与景帝同坐太后前面，太后对景帝说：“吾闻殷道亲亲，周道尊尊，其义一也。安车大驾，用梁孝王为寄。”景帝没听明白，出来后问袁盎等通晓经术的大臣。袁盎等人说，太后的意思是要立梁王为皇太子。景帝问为什么，袁盎等人回答说：“殷商立太子，以他们最亲的人为亲，立天子的弟弟，而周朝则尊敬尊者，立天子的儿子。殷商的办法质朴，取法于天；周朝的办法文明，取法于地，因为尊者受人尊敬，所立长子为太子。按周道，太子死之后，立嫡孙。按殷道，太子死后，立天子之弟。”景帝问：“那现在该怎么办呢？”群臣都说：“如今汉家效法周道，立儿子而不立兄弟为太子，当初寒宣死后，没立儿子却立了他弟弟，他弟弟死了之后，又把王位传于宣公之子，但宣公弟之子争王位，认为他应该继承父位，于是刺杀了宣公之子，宋国由此祸乱不断。我们希望求见太后陈述此意见。”于是袁盎等人面见太后，问：“太后说要立梁王为太子，梁王若去世，那又立谁为天子呢？”太后说：“我将重立景帝子为天子。”袁盎等人就拿宋宣公不立儿子为太子，从而导致兵祸持续了五代，不克制忍让小的事，就会导致大仁大义之类的事被破坏等话劝太后，窦太后于是放弃了立梁王为太子的念头，命梁王回国，不再提此事。

抑郁而死的梁王

梁王听说之所以不立自己为太子是因为袁盎等人的劝阻，十分恼怒。与羊胜、公孙诡密谋，派人刺杀袁盎等。来人刺杀了袁盎后，其剑留在了袁盎身上。经过查证之后，了解到这把剑是梁国的一个官吏铸造的，因此这件事被人发觉。景帝派田叔、吕季主前往梁国逮捕公孙诡、羊胜，二人躲藏到王宫中，汉朝廷先后十几次派出使者到梁国，向梁国索要二人，梁国相轩丘豹及内史韩安国在国内搜索了一个多月均未找到，后韩安国听说这二人藏在王宫中，即入宫见梁王，哭道：“臣等无能，羊胜、公孙诡至今未捕到，请赐臣死罪吧。”梁王问：“这是为何？”韩安国说：“大王贵为诸侯，但是却听那些奸臣的谗言，致使触犯了法律禁令，天子因太后的缘故，才不忍心对大王用法。现在太后日夜哭泣，盼大王能改过自新，然而，时至今日，大王你还没有认识到，如果太后不幸去世，大王的结局是怎样呢？”一番话说得梁王泪流满面，于是下令羊胜、公孙诡自杀，将尸首从宫中抬了出去。

景帝因此事开始怨恨梁王，梁王很惊恐，便派邹阳到长安见皇后之兄王信，对他说：“皇后在皇上面前受到宠幸，在后宫里她的地位没有人能比得上，而你却行事不谨慎，袁盎被杀之事解决以后，梁王可能被杀，这样太后将要在各个受皇上优待宠信的贵臣身上泄怒，因此，我很为你担忧。”王信问：“那该怎么办呢？”邹阳说：“你若能在皇上面前替梁王说情，使梁王解脱罪名，太后一定会感谢你，而皇后又依然被皇上宠爱，这样一来，就可以保全你的地位了。你见皇上时，可以用当初舜的弟弟想杀死舜，而舜当上天子之后，反而封赏象到庳做官的典故来说明兄弟之间本不应有什么恩怨。你只要这样做，梁王便可洗脱罪名。”王信见景帝后按邹阳的话说了一番，景帝的怒气才稍减了一些。

窦太后因梁王犯事，怕梁王有死罪，因此寝食不安，日夜哭泣，景帝对此很是忧虑。田叔等人在梁国查明了情况回来后，烧掉了所录的全部供词，空着手来见景帝。景帝问田叔：“梁国真的有罪吗？”田叔说：“有罪，而且罪可当诛。”景帝问他罪证在哪里，田叔说：“请皇上休再提梁国之事。”景帝问其原委，田叔说：“现在，倘若不杀梁王，则置汉朝法令于不顾；若杀了他，太后一定吃不好饭，睡不好觉，皇上会为此忧虑的。”景帝认为田叔说的话有道理，便派田叔等人谒见太后，对太后说：“杀袁盎之事全是羊胜、公孙诡等人的阴谋，梁王对此事一无所知，这几人已被杀，梁王没什么事了。”窦太后听说这话，心里的担忧散去，马上坐了起来吃饭，精神也好了起来。景帝的怒气稍消后，梁王上疏请求朝觐。等到入关之后，梁王按他下臣茅兰的主意，乘坐着白布马车，穿着白色缟服，将自己比作要死的人，只带上两个随从，隐藏在他姐姐长公主的园子里。汉派使者迎接梁王时，梁王已入了关，但其车骑却还在关外，不知梁王到哪里去了。使者回去向景帝、太后报告此事，太后一听便哭了，说：“皇上还是杀害了你弟弟。”景帝对此非常惊恐，而梁王这时脖子上挂着斧头突然出现在皇宫外请罪，太后、景帝见他无事，喜出望外，于是母子三人又和好了。汉景帝命令梁王的随从官员全都进入关内，但景帝从此对梁王越来越冷淡，再也不与梁王同乘车辇了。

景帝中元六年（公元前144年）初，梁王到京城朝拜觐见皇上，请求皇上允许他留在京师一段时间，但景帝不允。梁王回国后，闷闷不乐，不久积郁而死。

梁王对其母窦太后非常孝顺，每次听说太后病了，马上也跟着吃不下饭，睡不好觉，并留在长安侍候照顾太后。窦太后也很是宠爱他。听说梁王死了，窦太后悲恸欲绝，拒绝进食，说："皇上果然杀了我的儿子！"景帝听说后很是忧虑，不知如何是好，经与众大臣商议后，决定把梁国一分为五，分别立梁王的五个儿子为王，即买为梁王，明为济川王，彭离为济东王，定为山阳王，不识为济阴王，五个女儿也各有其封赏及城邑。太后在知道这个消息后才高兴起来。

梁王未死时，其财产不计其数，直到他死后，所藏匿的黄金还有四十多万斤，其他的物件更是不计其数。

梁王因与景帝同母，又深得窦太后宠爱的缘故，聚敛钱财，招天下贤士，谋杀朝廷大臣，觊觎帝位。然而，他到最后却落得个郁闷而死的下场。

是无为还是有为

汉景帝发展和继承了其父汉文帝的事业，与父亲一起开创了"文景之治"；又为儿子刘彻的"汉武盛世"奠定了基础，完成了从文帝到武帝的过渡!

他仁慈恭俭，笃信黄老，实行无为政治，节俭爱民。以清静不扰民为政策，海内富庶，国力强盛!

他是怎样发展有利的形势、消除不利的因素，使大汉王朝达到繁荣强盛的境地的?他是怎样对诸王、对匈奴、对政治、对储位的?他是怎样成功平叛，稳固皇权的?他到底是无为还是有为?

首先，让我们翻开他的个人简历。

姓名：刘启

生卒年：公元前188—公元前141年

享年：48岁

谥号：孝景皇帝

最得意：平定七国之乱

最失意：梁王刘武争储

最不幸：长子刘荣自杀

最痛心：冤杀晁错

最擅长：寡恩忍杀

汉景帝是西汉第四个皇帝，名刘启。他在位时，继续实行无为而治的政策，曾经使国家一度强盛起来。首先，轻简刑罚。景帝专门制定了《箠令》，对施刑的方法及所用的工具，都作出具体的规定。景帝中元五年（公元前145年），诏令如有疑狱不服者，可由官府重新评议。景帝后元元年（公元前143年），对献疑又作了更具体的规定，即疑狱要由官府重新评议，如官府不能决断则移交廷尉处理。景帝后元三年（公元前141年），又诏令八十岁以上、八岁以下，以及孕妇、师（盲瞽者）、侏儒在囚禁审讯时，可不加刑具。可见景帝在兴教化的同时，又兼施法网，可谓礼法并用。

景帝前元三年（公元前154年），爆发了以吴王刘濞为首的七个诸侯王国的叛乱，史称吴楚之乱，或“七国之乱”。

吴楚七国之乱的发生，既有远因，也有近因。高祖十二年（公元前195年），刘邦立兄刘仲之子刘濞为吴王。吴王刘濞开铜矿，铸“半两”钱，煮海盐，设官市，免赋税，于是吴国经济迅速发展，刘濞的政治野心也开始滋生。文帝时，吴太子入朝，与皇太子刘启（即景帝）博弈，因争棋路发生争执，皇太子抓起棋盘将吴太子砸死。汉文帝派人将尸体运回吴国，吴王刘濞愤怒地说：“天下一宗，死长安即葬长安，何必来葬？”又将灵柩运回长安埋葬。从此，刘濞称疾不朝。汉文帝干脆赐他几杖（茶几、手杖，对老年人尊敬和优待的象征），准许他不用朝请。但吴王刘濞不但没有悔改，反而更加骄横。

汉景帝即位后，吴王刘濞日益骄横，反迹也越发明显。御史大夫晁错建议削夺诸侯王的封地，收归汉廷直接统治。他给景帝上《削藩策》，力主“削藩”，指出：“今削之亦反，不削亦反。削之，其反亟（迅速），祸小。不削，其反迟，祸大。”景帝采纳了晁错的“削藩”建议，于景帝前元三年（公元前154年），以各种罪名先后削去楚王刘戊的东海郡，赵王刘遂的常山郡和胶西王的六个县。

汉朝廷削地的诏书送至吴国，吴王刘濞立即诛杀了由朝廷派来的两千石（郡级）以下的官员。以“清君侧，诛晁错”为名，遍告各诸侯国。消息传来，胶西王刘印、胶东王刘雄渠、淄川王刘贤、济南王刘辟光、楚王刘戊、赵王刘遂等，也都起兵配合。以吴、楚为首的“七国之乱”，终于爆发了。

刘濞发难后，即率二十万大军西渡淮水，并与楚军会合后，组成吴楚联军。随即挥戈西向，杀汉军数万人，颇见军威。梁王刘武派兵迎击，结果梁军大败。

叛乱的消息传到长安后，景帝立即派中尉周亚夫（绛侯周勃的次子）为太尉，率36位将军迎击吴楚叛军，派曲周侯郦寄击赵，将军栾布率兵解齐之围，并命窦婴（窦太后堂兄之子）为大将军，驻荥阳督战。

景帝派周亚夫等迎击叛军的同时，内心却摇摆不定，这给了袁盎以可乘之机。袁盎原为吴相，与刘濞关系甚密。袁盎对景帝说："方今之计，独有斩错，发使赦吴、楚七国，复其故地，则兵可毋刃血可俱罢。"景帝为换取七国罢兵，果然相信袁盎的话，表示"不爱一人以谢天下"，于是腰斩晁错于东市，并残酷地族诛。可惜晁错一片忠心，就这样为小人谗言所害。

景帝诛晁错，去掉了七国起兵的借口，然而七国仍不罢兵，这就进一步暴露出其反叛的面目。景帝后悔莫及，于是决定以武力平息叛乱。周亚夫率汉军很快平定了七国之乱，吴王濞逃到东越，被杀。

七国之乱是西汉中央与诸侯王国间的一次关键性战争，仅仅三个月就胜负分明。汉廷为何速胜？叛军为何速败？其答案至少可以归纳出以下三点：

1. 臣心、军心、民心的向背。汉朝建立以来，偃武修文，与民休息，使社会经济得以恢复和发展，百姓生活日渐好转，所以臣民拥戴汉室。如平民赵涉向周亚夫建议：汉军经蓝田出武关，既可迅速控制洛阳军械库，又可避开吴楚伏兵，取得出奇制胜的效果。相反，吴楚等七国为了各自的私利，驱使百姓，挑起战火，犯上作乱，破坏安定，再加上勾结匈奴，更为广大人民所厌恶，所以遭到国内从上到下的反对。

2. 策略、战略得当。七国叛乱事起，太尉周亚夫就向景帝献计说：

“楚兵勇悍，正面交锋恐难取胜，希望弃梁国之地，然后断绝吴楚粮道，就可以平定他们了。”此计是以暂时放弃某些空间来换取时间，达到牵制叛军、挫其锐气的目的。后来战争的发展完全证实了周亚夫的判断。

3. 人才运用得当。景帝深谙用人之道，如以太尉周亚夫为汉军主帅，可谓选帅得人。而吴王刘濞虽能广泛招纳天下亡命之徒，但却不能真正任用他们。

七国失败后，形势发生了很大变化。景帝抓住这一有利时机，着手解决王国问题，以加强中央集权。

调整诸侯王国的设置。参加叛乱的七国，除保存楚国另立楚王外，其余六国皆被废掉。

此后，绝大多数诸侯王国仅领有一郡之地，其实际地位已经降为郡级，国与郡基本上趋于一致。诸侯王国领郡由高祖时的四十二郡减为二十六郡，而中央直辖郡由高祖时的十五郡增加至四十四郡，使汉郡总数大大超过诸侯王国郡数。这一变化，对于国家统一，加强中央集权，意义十分重大。

经过景帝的改革，汉初推行的诸侯王国制，至此发生了明显的变化，诸侯王在名义上是封君，实际上“唯得衣食租税”而已；但是诸侯王势力并未彻底解决，以致后来汉武帝不得不继续采取相应的措施。

在汉文帝的熏陶下，汉景帝也成了一代明主，他继承了父亲汉文帝的传统，在很多方面都为老百姓着想，他勤俭节省，在位时他极少兴建宫殿楼阁。

他在国家治理和生活方面所做的一切，可谓是“前无古人，后无来者”，汉景帝拥有的是一个泱泱大国，他能在这么大的诱惑下依然坚持父亲汉文帝的思想，这本身就极其不容易，更何况他做的甚至是“青出于蓝而胜于蓝”！

如果没有汉景帝所做的一切，也不会有后来汉武帝在军事方面的壮举，更不会有之后全盛的西汉王朝，这是毋庸置疑的。

景帝的双重人格

景帝是继文帝事业成为盛世之主，时人世人称其是一位贤明之君，如果仔细地想一想，恐怕并非如此。

在刘启还是东宫太子时，吴王刘濞的儿子和他赌博玩耍，二人争执不下，他竟然提起赌具击杀了吴王的儿子，吴王刘濞怨恨在心，这与他后来的反叛也有直接的关系。

后来，刘启继承帝位，是为汉景帝，但其禀性难改，任用大才子晁错为重臣，把国事都托付与他，晁错帮他削藩收权、整治朝政，他坐收渔利。后来又听袁盎鼓舌造谣，杀晁错作为各叛王撤兵的条件时，又下令以大逆不道的罪名把晁错的全族都灭了。七王叛乱不息，他这才突然想起了父亲文帝临死时交代他的话：让周亚夫指挥军队前去平叛。周亚夫在接受任务时，显得有些傲慢，使景帝觉得可能有点不大尊重自己这个年轻的皇帝。

周亚夫出兵之后，屡破敌军，仅仅3个月，吴王刘濞被杀，吴、楚叛乱被平定。吴、楚是叛军的主力，在他们失败之后不久，其余五国也在汉将的攻击之下节节败退，不多久，作乱的藩王或是自杀，或是伏诛，七国之乱很快被平定。

平定七国叛乱，周亚夫功劳很大，赢得了人们的一致称誉，景帝也重用了他。然而，在平叛的过程中周亚夫也得罪了一些人。

首先找周亚夫麻烦的人就是梁王刘武，梁王刘武之所以恨他，还是因为公事。当时，周亚夫主持平叛，率领军队开到河南一带。吴、楚联军正在全力攻梁，周亚夫分析了形势，认为吴、楚联军锐气正盛，汉军难与之争锋，决定把梁交给吴、楚联军，任由他们攻打。梁王向景帝求救，景帝也命令周亚夫援梁，但周亚夫给景帝来了个“不奉诏”，而是派骑兵截断了吴、楚联军的粮道。吴、楚联军久攻不下，锐气尽失，又断其粮草，被迫找汉军主力决战，周亚夫则深沟壁垒，养精蓄锐，一举打败吴、楚联军。虽然平叛胜利了，但却和梁王结下了梁子。因此，梁王每逢入朝，经常与母亲窦太后说起周亚夫，极尽中伤诬陷之能事。窦太后听信了梁王的谗毁，就经常向景帝中伤周亚夫。

景帝前元四年（公元前153年），立长子刘荣为皇太子，但因为其母栗姬渐渐失宠，景帝就想另立王皇后之子刘彻为太子。周亚夫初登相位，认为太子并无过失，随意废立，会引起混乱。周亚夫禀性直爽，不懂得劝谏艺术，与景帝发生了争执，景帝中元三年（公元前147年），窦太后要景帝封王皇后的哥哥王信为侯。王皇后为人十分乖觉，专会讨好窦太后，因而博得了窦太后的欢心，稳住了地位，至于封外戚为侯，并非没有先例，但景帝估计周亚夫不会同意，就先找他做思想工作。果然，周亚夫断然否决，他说：“高祖皇帝曾经与诸大臣歃血为盟：非刘姓而王，非有功而侯者，天下共击之。”直接搬出刘邦的话压压皇帝也就算了，他还直言不讳地说：“王信虽是皇后的哥哥，但无功劳，如果封了侯，那就是违犯了祖宗的规矩。”其实想想，这位名将真是老实得可爱，皇帝老儿愿意给谁封官许愿随他去好了，反正俸禄又不用自己帮皇帝掏银子。景帝自然因为周亚夫驳了自己的面子而十分恼怒，但是周亚夫执之有故，言之凿凿，无懈可击，只能“默然而沮”。

不久，匈奴部酋6人来降，景帝非常高兴，并想把他们都封为列侯。周亚夫却说：“他们的先人背弃了汉朝而投降了匈奴，现在又背叛了匈奴而投降了汉朝，陛下如果封这样的人做列侯，又怎么能责备做臣子的不忠于君主呢？”这次，景帝认为“丞相之议不可用”，断然拒绝了周亚夫的建议，将6人封侯。景帝拒绝周亚夫，基本上不是考虑他的话的正确性，多半出于一种孩子气的心理：纵使你次次都对，也不能事事都听你的，你做皇帝还是我做皇帝啊，这次一定要我说了算。周亚夫见景帝不从，也算知趣，比前辈名将韩信强，就上疏称病辞官，景帝也不挽留，巴不得这个老顽固早点退休。

如果事情到此了结，倒也罢了，问题是周亚夫既然得罪了有着生杀大权的皇帝，又功高德望，皇帝自然对他不放心。一次，皇帝专门宣召周亚夫，想看看他对于现阶段的生活是否有怨气。这次，周亚夫过关没事。又一日，景帝特赐食于他，周亚夫虽然退休，但还在皇城根下，随叫随到，进宫后，只见皇帝独坐在那，行过拜谒之礼，简单说了两句，景帝就让上菜，这自然是皇恩浩荡，但是席间并无他人，只有这一君一臣，周亚夫有点惶恐。等他入席才发现自己面前只有一只酒杯，并无筷子，而菜肴又都是大块的肉，根本无法吃，就知道是景帝在戏弄他，转头看看身边的人，想让取双筷子，景帝到底是少年心性没有耐住，插话道：“这还未满君意？”周亚夫一听，怕得要死，赶紧起座下跪，脱帽谢罪，景帝才说了一个“起”，周亚夫赶紧起身，匆匆离去了。

几天后，突然有使者到，叫他入廷对簿，周亚夫一听，知道事情不妙，但不知道所为何事。原来，周亚夫年事已高，就让儿子筹备丧葬用品，买了五百副甲盾，为了将来护丧之用，儿子使佣工拉回家，又未给钱，使得佣工怀恨上疏诬陷。

大理寺当堂审问道：“为何要谋反？”周亚夫辩解道：“我儿子所买的东西全系丧葬所用，怎么能谈得上谋反呢？”

官员无话可说，但知道皇上欲置其于死地，就必须要找个借口，于是给了一个惊天地、泣鬼神，闻者流泪、听者伤心的判词：“不反天上，亦反地下！”

就是说，即使不想在活着的时候造反，也会在死了以后到阴曹地府造反的。周亚夫听了，也明白了，是景帝要自己死，于是五日不食，绝食而死。

是残忍还是软弱

众所周知，同儒学一样，历史上老子的黄老之说也曾被数位皇帝遵奉，史书中汉景帝便是其中的典范。中国历史上的第一盛世，便是由尊崇黄老无为之说的汉景帝刘启及父亲文帝共建的，这便是历史上的“文景之治”——以无为而治让中国达到一个顶峰。

然而，在汉景帝心中，“无为”之说果然是其所愿吗？

汉景帝在文帝继位初便立为太子，在太子位置上有二十几年之久，任太子期间，因为下棋，而杀死吴国太子。当时吴国在诸侯国中最为强大，其财力远大于朝廷，且吴王狂妄人人皆知，连文帝都“畏”他三分。

由此可见，汉景帝性格之烈，并非是适合无为而治的性情。景帝即位，匈奴数犯边境，景帝欲发兵，然恩师太傅晁错极力反对，引先帝遗言：“攘外必先安内。”所以，继续和亲之策，行安内政之举。由此可见，景帝最终选择“无为”实因时机不合矣。

汉武帝为太子时，汉景帝立江东大儒卫绾为太子太傅，命其教授太子儒学的修身、齐家、治国、平天下，及法家霸术。

天下之命，悬于太子，景皇帝在此时已经在着手全力打造一位大有为之子。此举，乃兵行险棋，汉初以无为而治为治国大本，王公大臣多以道家出身，朝廷上下儒家难以立足，在汉景帝病重之际，太子年幼，太后尚黄老之学，此时逆而行之，景皇帝岂能不知此中厉害。由此汉武帝初期，险些被废，景皇帝应早已料到。然若非此铤而走险之举，焉能打造一位千古之帝，景帝将自己的心愿寄托给太子，望其剪除匈奴，创大汉朝太平盛世。

点评：

汉景帝，因博弈而杀吴国太子，因攘外而安内，推行削藩，平定七国之乱，立卫绾为太傅，种种决策，虽不能断定景帝尚儒，武帝独尊儒术是景帝所愿，但是，汉景帝绝不是出色的黄老门生。汉景帝统治的这段时期，“民生息，无为而治”是很适合当时社会需要的明智之举。但是毕竟“与民生息，无为而治”是一种出世的思想，虽然能使国家安定但是对国家强盛起到消极作用。到汉景帝后期，不让贤的思想和当时社会贤才备至的现象产生冲突，因此越来越多的人推崇儒家思想，即积极的“入世”思想。

后记

所谓“盛世”，在历史上是指中国社会发展中一些特定的阶段，是国家从大乱走向大治，在较长时间内保持繁荣昌盛的时期。在中国两千多年的封建历史长河中，出现过很多这样的“盛世”阶段，从“文景之治”到“武帝之治”的汉朝盛世、从“贞观之治”到“开元全盛”的大唐盛世以及清代的“ 康乾盛世”等。这些时期，一方面确立了中国传统“盛世”概念的基本内涵，另一方面也都没能避免“盛极而衰”的结局，因而给后人留下了无尽的话题与思索。

纵览历史，各个盛世都具有一个共同的特征，那就是国家统一、经济繁荣、政局稳定、社会安定、国力强大、文化昌盛等。为了更好地反映历史中的这些盛世风华岁月，我们策划编写了本套“盛世风华系列”丛书，丛书选取了中国历史上的“十大盛世”进行编写，主要讲述了那些为中国历史的发展进程起到不可或缺作用的历史事件和人物故事，内容精彩，可读性强。

“盛世风华系列”丛书在编写的过程中参阅了大量文献资料和研究成果。同时，为了全面准确地传递知识，还特选部分精美图片辅助说明，但由于文字图片权源分散或作者不详，无法与诸权利人一一联系。鉴于以上原因，该系列丛书编者为尊重作者权益，我们真诚地期望本书所用资料的权利人与我们取得联系，提供有效的版权证明并领取相关使用费。特此声明并为不周处先此致歉！

邮箱：AAA@sina.com　联系人：若木。